朝日新書
Asahi Shinsho 871

ペアレントクラシー

「親格差時代」の衝撃

志水宏吉

朝日新聞出版

プロローグ

「パン、パーン！」冬の朝の張りつめた空気のなか、選手たちの拍手の音が響きわたる。「今年こそは、全国大会に出場できますように」、神殿に向かって深くおじぎをしながら、ケンタは心のなかでつぶやいた。「二礼、二拍手、そして深く一礼」、監督さんに教えられた通りに、神妙に選手たちはお参りした。2022年、寅年の幕開けである。

ケンタは中学2年生の野球少年。ここは、ケンタが所属するリトルリーグの専用グラウンドの近くにある神社。監督さん、コーチ陣、そして選手たち皆で、お正月の朝いちばんに揃ってお参りするのがチームのならわしだ。

ケンタの家は、大阪市内の下町にある。大阪のど真ん中と言ってよい。お母さんと高校生のお姉ちゃん、そしておじいちゃん、おばあちゃんと五人で住んでいる。両親は、ケンタが幼い頃に離婚した。内装業に従事しているお父さんは近所に住んでいて、時々阪神タイガースの試合を見にいったり、食事をしたりすることがある。それについて、お母さんはほとんど何も言わない。

　働き者のお母さん。ふだんは近所の整骨院で働き、夜には知り合いのおばちゃんの居酒屋の手伝いに行く。おじいちゃんは、現役のタクシーの運転手。おばあちゃんはお酒のおつまみをつくる工場でパートをしていたが、病気がちになりこのごろはずっと家にいる。そうした家族の暮らしを、コロナが直撃した。収入は減り、逆に治療代が増えた。しんどいに違いないけれど、お母さんはひとことも弱音を吐かない。チームの保護者会の役員でもあり、日曜日には欠かさずグラウンドに出、ケンタたちの練習をさまざまな形でサポートしてくれる。

「絶対にプロ野球選手になって、お母さんを楽にさせてやりたい」と、ケンタは考えている。熱烈なタイガースファンであるお父さんの影響もあり、小学校低学年から野球をはじめ、高学年になるとリトルリーグのチームに入団した。大阪は少年硬式野球がさかんだが、ケンタのチームもかなりの強豪として知られている。背が高く足の速い彼は、一番バッター、センターのレギュラーであり、二番手投手もつとめる。結果を出し、野球部特待生として名門校に入ることが、ケンタとお母さんの目下の夢である。

ケンタが通う中学は、かつては「荒れ」で知られた公立中学である。「元ヤン」だったお母さんもお父さんも、この中学の卒業生。今の校長先生は、ケンタのお母さんの担任だった先生だ。当時と比べると生徒数はずいぶん減ったが、現在は部活動がさかんな中学として知られている。大阪市は学校選択制を敷いており、その中学は近隣地域の「人気校」である。きびしいが、面倒見がいい先生が多く、クラスメートも「おもろい」ヤツ揃い。ケンタにとって、中学は愉快な場所である。

「ペロ、ペロ」ほっぺを舐めるコテツの舌の感触で、リオは目を覚ました。彼も中2の男子。「コテツ」とは、彼の家のペットのトイプードルの名前である。ベッド脇の時計をみると、もう昼前。昨日は、家族揃って紅白歌合戦を楽しんだ。お父さんは「ゆく年くる年」を見たあと寝室に引き上げたが、リオはお母さんと夜中まで居間でテレビを見て過ごした。「朝寝坊も仕方ないか」、リオはコテツを抱き上げながら微笑んだ。

リオの家は、大阪北部の「北摂（ほくせつ）」と呼ばれるエリアにある高層マンションだ。両親と自分の三人家族。東京大学の大学院を出ているお父さんは、大企業に勤めるエンジニア。コロナ禍になってからは、家でリモートワークをすることが多い。一方、名門音大で学び、ドイツへの留学経験もあるお母さんはバイオリンの先生。現在は自宅で、もっぱら音楽大学や音楽科のある高校を受験する生徒たちにバイオリンを個人教授している。

コテツが家に来たのは、リオの5歳の誕生日の時だった。リオという名前は、男女どちらでも使える国際的な名前ということで、生まれる前から決まっていたそうだ。その分ペットには純日本風の名前がいいのではないかというよくわからない理由で、「コテツ」という名がついた。いずれにせよ、以来コテツは、一人っ子のリオにとって、文字通り兄弟のような存在である。

お母さんが、幼い頃から絵本や本を読み聞かせてくれたおかげで、リオは大の本好きとなった。小学校の図書室の本を、5年生までの間にほぼすべて読破したほどである。それだけではない。サッカーをしたいというリオの願いを聞き入れ、1年生の時に地元の伝統あるサッカークラブに加入させてくれた。練習のある日は欠かさず家のポルシェで送り迎えをしてくれたお母さん。もちろんバイオリンの手ほどきも、お手のものだった。

5年生になる時に転機が訪れた。進学塾に通い始めたのである。それを決めたのは、リオ自身だった。準レギュラークラスだったサッカーの方は、いったんはやめることにした。両立は現実的に無理だったからである。彼は、近隣にある、日本でも有数の大学進学実績を誇る私学の中学部を受験した。事前の模試ではA判定をとっていたが、残念ながら算数の問題でミスをし、不合格となってしまった。

そこで入学したのが、現在通っている寮制の私立学校である。もう一校、家から通学できる別の私学にも合格し、お母さんは自宅から通えるその学校に行ってほしいと願ったのだが、リオ自身が寮生活をする道を選んだ。入学後に入部したサッカー部のレベルがあまりに低かったため、現在はテニス部に転部し、活動している。来年は高校進学なのだが、より偏差値レベルの高い私学を受け直すことも考え始めている。なぜなら、お父さんの母校東大に是が非でも合格したいのだが、今の学校では難しいような気もするからである。

元日の今日は、午後から両親と初詣に行くことになっている。そして早速、明日は学校に戻らなければならない。あさって3日から、学校で「冬期勉強合宿」が始まるからである。リオの冬休みはまたたく間に終わりそうだ。

ここで紹介したケンタとリオの二人が生まれたのは、2008年1月27日のことである。この日は、大阪維新の会を立ち上げた橋下徹氏が、二人の故郷である大阪府の知事選に歴史的な勝利を収めた日であった。

橋下氏の政治手法は、本書で出てくる「新自由主義」と呼ばれるものを地でいくものであった。新自由主義とは、個人の選択と市場原理を重視する政治スタンスのことであり、学校教育システムに競争原理や成果主義を劇的な形で取り入れようとした氏の教育改革路線は、大阪府内の学校現場に大きな変化をもたらすものであった。

この新自由主義と本書の主題である「ペアレントクラシー」とは、表裏一体の関係にある。それについては、本書1章で改めて考察することにする。

ここで強調しておきたいのは、二人が生まれ育ったこの時代は、家庭が所有する各種の「富」と、親が子どもに対してもつ「願望」が、子どもの人生行路にきわめて大きな影響力を及ぼす「ペアレントクラシー」の時代と呼びうるということである。

ケンタにもリオにも等しく幸せな人生を送ってほしいと、筆者は心から思う。

これからの人生において、ことによると二人がどこかで出会う場面があるかもしれない。しかしながら、その可能性は実質的にはきわめて低いであろう。異なる家庭環境に育った彼らは、学校教育システムのなかで大きく隔たった経験を積み、やがて異なるタイプの社会的世界に旅だっていくことになるだろう。異なる場所に住み、異なる仕事に就き、異なる生活を送ることであろう。彼らの接点は皆無ではないが、将来にわたってほとんど接触することはないように思われる。

次章以降で、彼らが暮らす世の中、すなわち「ペアレントクラシー」と呼ばれる社会の諸相に迫っていくことにしよう。

ペアレントクラシー　「親格差時代」の衝撃

目次

第3章　不安のなかの親　105

第4章　戸惑う教師たち　141

第5章　四面楚歌のなかの教育行政　171

第6章　脱ペアレントクラシーへの道　205

図表作成／谷口正孝

第1章

ペアレントクラシー化する社会

――何が問題か

1　ペアレントクラシーとは

メリトクラシーからペアレントクラシーへ

「ペアレントクラシー」、本書の主題である。ほとんどの読者の皆さんには、あまりなじみのない言葉であろう。

「ペアレント」という言葉は、よく知られている。「親」という意味である。そのあとに「クラシー」という言葉がくっついている。「クラシー」とは、「〜の支配」（「〜の支配力や支配権」）を表す接尾語である。たとえば、「デモクラシー」は「民衆による支配」を意味し、「アリストクラシー」は「貴族（＝アリストクラット）による支配」ということになる。したがって、「ペアレントクラシー」とは、「親による支配」、すなわち「親の影響力がきわめて強い社会」ということになる。

ペアレントクラシーという語の生みの親は、イギリスの教育社会学者、フィリップ・ブラウンという人物である。ブラウンによると、ペアレントクラシーとは、「家庭の富

(wealth)と親の願望(wishes)」が子どもの将来や人生に大きな影響を及ぼす社会のことである(Brown 1990、p. 66)。

ここでブラウンの議論を簡潔に紹介しておくことにしよう。

ペアレントクラシーという言葉を世に送りこんだ「第三の波」と題された論文を、ブラウンが『英国教育社会学会誌』というジャーナルに発表したのが1990年のことであった。当時イギリスは、サッチャー首相(当時)の主導による戦後最大と言われる教育改革で大揺れに揺れていた。その教育改革をリードした教育理念、それによって引き起こされた世の中の変化を、ペアレントクラシー、そして第三の波という用語で形容したのであった。

ブラウンは、次のように整理している。

「第一の波は、19世紀後半に生じた、労働者階級の子どもたちのための大衆教育の勃興によって特徴づけられる。第二の波は、デューイの言う『事前決定という封建時代の常識』にもとづく教育の供給から、個人の業績や能力にもとづいて組織されたそれへの変化のことを指す。そして第三の波を特徴づけるのは、子どもたちの能力と努力ではなく、親の富と願望によって受けられる教育が大きく規定されるシステムへの移行である。別の言葉で言うなら、メリトクラシーのイデオロギーから私がペアレントクラシーと呼ぶイデオロギーへの変化が起きたのである」（前掲論文、p.65）

第一の波、第二の波については、次節で改めて論じることにする。右の引用のポイントは、世の中がメリトクラシーからペアレントクラシーに移行しつつあるという認識である。イミダス時事用語事典によると、ペアレントクラシーはサッチャーの教育改革によって、「学校の学力レベルや良しあしに対する関心が高まり、学校選択を行う保護者が増加し、教育機会・教育達成度が、家庭の階層的・経済的要因に加えて、家庭の文化的環境や保護者の積極的な教育支援に左右され、教育格差が拡大する傾向が強まった」（イミダス、https://imidas.jp/genre/detail/F-101-0065.html）として提起された概念ということである。

右の引用の最後の文においてブラウンは、「メリトクラシーのイデオロギーから私がペアレントクラシーと呼ぶイデオロギーへの変化」と表現している。「イデオロギー」とは、「考え方」とか「理念」に近い言葉であるが、より突っ込んでいうなら、それは、「ある集団を結果的に利する考え方」というニュアンスをもつ社会学用語である。たとえば、「学校教育を受けることは万人にとって有意義なことだ」という理念があるが、現実の社会では各種の教育格差が存在しているため、学校教育のメリットを大きく受けるのは「富裕層」ということになりがちである。つまり、「誰にとっても大事だ」とされているものが、結局「もっぱら特定の人たちの得になっている」という現実があるわけだ。その時、見かけ上中立的な学校教育の理念は、特定の人たちを利するというイデオロギー的作用を持つということになる。

では、メリトクラシーのイデオロギーとは何か。次節で詳しく述べるが、それは端的に言うなら、「個人の能力と努力で人生は切り拓かれていく」という考え方である。これは私たちの生活に深く根ざした「常識」となっており、その意義は万人が認めるものである。ただし、貧困や格差といったテーマが日常化してきている今日、日本社会において本当にメリトクラシーがうまく機能しているかというと、大きな疑問符がつくと言わざるをえない。

「親ガチャ」という言葉はなぜはやるのか

「親ガチャ」という言葉が、最近はやっている。「親は選べない」「どの親の子として生まれるかが人生を決定する」ということを意味する言葉である。由来は、「ガチャガチャ」と呼ばれる、オモチャなどが入った丸い透明カプセルを販売する自動販売機。コインを入れ、商品を取り出すハンドルを回す際に「ガチャガチャ」と音がすることからこう呼ばれている。100円や200円を入れたらオモチャやフィギュアが出てくるわけだが、素敵なものが出てくるか、魅力のないものが出てくるかは、やってみないとわからない。運を天に任すようなものである。人間の運命も同じ。いわゆる「よい親」のもとに生まれるか、そうではないか。そうした事態を揶揄的あるいは自嘲的に表現する言葉が親ガチャである。

大学の授業でペアレントクラシーについて話したとき、学生たちがしきりに引き合いに出してきたのが、この、流行しはじめたばかりの親ガチャという単語であった。しかしなんとも落ち着きの悪い、気味の悪い言葉だなと、私は違和感を覚えたものである。

いずれにしても、この言葉がはやる素地が、今日の日本にはある。どの家に生まれるかで子どもの人生に大きな違いが出てくるということを、人々は身にしみて感じている。学校教育が成立する前の世の中もそうだったのではないか、と思われるかもしれない。たしかに身分や家柄で人生がほぼ決まっていた時代があった。ただそれは、「見えるカベ」だったはずだ。今日の社会では、身分や家柄、あるいは貧富の違いによる社会的障壁は、公式的にはないことになっている。しかしそこには、「見えないカベ」が厳然と存在している。現代の子どもたちにとって、家庭環境の違いは決定的な意味をもつことが多い。

2　ペアレントクラシーにいたる歴史

近代世界を動かしたメリトクラシーの原理

日本の近代の出発点となるのは明治維新である。大政奉還がなされた1867年をそのスタートとみなすなら、そこから今日（2022年）まで150年余りの歳月が流れたことになる。

そのちょうど真ん中あたりに、近代の世界史のもっとも大きな出来事であった第二次世界大戦（1939〜1945年）が位置する。おおざっぱに言うなら、明治維新から第二次世界大戦終戦までの期間（約75年）とほぼ同じだけの時間が、大戦後すでに経過したことになる。図に示すと、次頁の通りである。

60歳を過ぎた筆者らの世代でも、「第二次世界大戦」に関してリアルな実体験があるわけではない。「明治維新」とともに、それは歴史上の出来事である。しかしながら、自分自身が生きてきた図中のBの期間の長さがAの期間と同等になり、今後はそちらの方がど

図表1−1　歴史の流れ

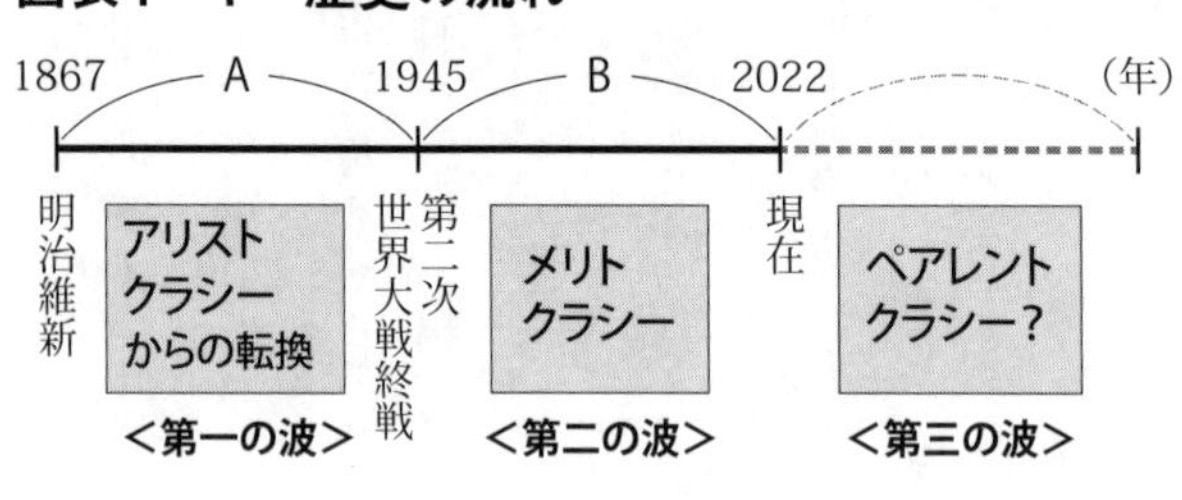

んどん長くなっていくという事態は感慨深い。もはや、「大戦後から今日まで」の時間の方が、「明治維新から大戦前にかけて」の時間よりも長くなりつつあるのだ。

教育について言うなら、図表1－1のAの期間（明治維新↓第二次世界大戦終戦）をつかさどったのが1872年に発布された「学制」である。四民平等の精神にのっとり、「必ず邑に不学の戸なく、家に不学の人なからしめんことを期す」とうたったこの旧学制のもとで日本の教育は展開していった。学校教育の拡大をバネに明治・大正・昭和と日本は急速な近代化を遂げたものの、それは、第二次世界大戦における敗北という不幸な帰結をもたらすもととなった。

大戦後、アメリカ合衆国GHQの指導のもとで、1947年にスタートしたのが新学制である。これは、小学校・中学校・高等学校・大学を軸とする単線型学校体系を打ち立てたものであった。日本はこの教育制度のもとで順調な高度経済成長を遂げ、1970年代には早くも先進国に仲間入りし、今日にいたるまで世界を先導する大国としての役割を果たし続けている。

教育勅語を柱とする旧学制から、民主主義を標榜する新学制へ。日本の教育の中身は、2つの時期できわめて対照的な特徴を有している。しかしながら他方で、両者は、同じ目標に向けて組み立てられたものであったと指摘することも可能である。その目標が「メリトクラシーの推進」ということになる。

明治日本の中心的国是は「富国強兵」であった。また、戦後の日本の最重要課題は「経済成長」であった。いずれもその鍵となるのは「人づくり」である。いかに国家にとって有用な人材をつくりあげるか、その目標に向けて学校制度の総力が結集され、国民の動員が図られた。その背景にある人材選抜の考え方、そしてそれにもとづく国家統治のあり方がメリトクラシーと呼ばれるものである。この150年ほどの間、日本という国、もっと言うならば世界じゅうの国々を動かしてきたのが、このメリトクラシーの原理である。

メリトクラシーは「業績主義」と訳されることが多い。この言葉の生みの親であるイギリスのヤングは、メリトクラシーの社会を、次のような公式で表現している（ヤング 1982）。

業績（Merit）＝能力（IQ）＋努力（Efforts）

明治維新が転換点に

すなわち、諸個人が有する能力と彼らが蓄積する努力が組み合わされた結果としての「個人のメリット（業績）」に応じて、彼・彼女の人生が切り拓かれていく社会がメリトクラシーの社会なのである。先にあげたブラウンの議論と重ね合わせると、そのうち、図表1－1のAの部分が「第一の波」、そしてBの部分が「第二の波」に等しいということになる。いずれも、メリトクラシーが主導原理だった時代である。

このような、個人の能力と努力が重視される近代社会の前に存在したのが、「アリストクラシー」（貴族主義）の社会である。一般的には、「身分社会」と表現することができる。そこにおいては、王を中心とする貴族たちが社会の支配層を構成した。そして、諸個人の人生は、各自の生まれ（身分や家柄）によっておおかた定められていた。その「運命（定め）」に抗う（あらがう）ことには、大きなリスクや社会的コストがつきまとったはずである。

18世紀末から20世紀にかけて、世界の多くの国々でそれぞれの歴史的文脈にもとづいた市民革命が生起し、アリストクラシーの社会がメリトクラシーの社会へと転換を遂げることになった。すでに述べたように、日本の場合は、明治維新がその転換点となる。

さて、図表1－1のBの時期の長さがAの時期のそれに並んだ今日、新しい事態が日本社会を覆いはじめている。端的に言うなら、150年続いたメリトクラシーの世の中が大きく変質しはじめているように見受けられるのである。その変化の内実をなすのが、ペアレントクラシーへの移行だと表現することができる。先にも述べたように、ブラウンによれば、ペアレントクラシーは次のように定式化できる（Brown 1990）。

選択（Choice）＝富（Wealth）＋願望（Wishes）

メリトクラシーの究極の形がペアレントクラシー

21世紀を迎えた今日の先進諸国では、人々の人生は選択に基礎づけられたものとなっている。その選択に決定的な役割を有するのが、親（家庭）が所有している種々の「富」と、子どもの教育・人生に寄せる「願望」だというのである。

ペアレントクラシーには、理念としての側面と実態としての側面があることに注意されたい。「理念としての側面」とは、親の選択の自由を最大限に尊重しようとする政治的スタンスのことで、本書5章で論じる、今日の新自由主義的教育改革の底流をなすものである。前著『二極化する学校』（2021年）で論じたように、この側面が公教育の「解体」をもたらしつつあると見ることもできる。他方、「実態としての側面」が、親ガチャという言葉で形容される、子ども・若者の間で見られる各種の「格差」の現状である。

筆者の考えるところ、ペアレントクラシーは、メリトクラシーの次に来る新たな時代というわけでもない。かつてヤングが警鐘を鳴らしたように、メリトクラシーの原理をつきつめるなら、その究極の形としてペアレントクラシーが立ち現れると考えた方が真実に近いように思われる。

「個人の能力と努力こそが大事だ」というメリトクラシーの理念は、近代社会を動かす機関車としての役割を果たしたと言っても過言ではない。ある時期たしかにメリトクラシーは、社会の進歩・発展のカギを握るものだとみなされていた。ただし、それはメリトクラシーが持つ光の部分である。モノには必ず表と裏の両面がある。ヤングが強調したのは、メリトクラシーがもつ影の部分の方であった。すなわち、彼がその主著『メリトクラシー』（原著1958年）という未来小説で描いたのは、能力原理による階級対立が顕著になった分断国家の姿であった。ヘタをすると、メリトクラシーの発展型としてのペアレントクラシーの社会は、かつての前近代社会のような、不平等と差別に満ちた社会に成り下がってしまうかもしれないのである。注①

3　ペアレントクラシーの現状

ペアレントクラシーはどのように顕在化しているか

では、現代の日本社会を見た場合に、ペアレントクラシー化の趨勢(すうせい)はどのようなところで顕在化しているだろうか。ここでは3点にしぼって、その現状に迫ってみたい。

その3点とは以下である。

①　各界で二世と呼ばれる人が増えていること⇒二世化
②　毛並みのよさが問われる社会になってきていること⇒サラブレッド化
③　教育の世界においてさまざまな格差が広がっていること⇒格差化

順に見ていこう。

①　二世化

各界で二世現象が広がっている。政界、財界、学術界、芸能界、スポーツ界等々において、いわゆる二世と呼ばれる人の数が増え、活躍の度合いが増しているように思われる。「二世」とは、言うまでもなく、「一世（親）の地位を継いだ（継ぐ予定の）者」のことである。

似た意味を持つ言葉に「世襲」があるが、こちらの方は、特定の地位や職業などを、「子孫が代々継承する」ことを意味する。伝統芸能の世界を思い浮かべていただければよいだろう。たとえば市川海老蔵（えびぞう）という役者がいるが、彼は「11代目」である。若いころはともかく、今では押しも押されもせぬ大看板。いずれ「市川團十郎（だんじゅうろう）」（13代目）という名跡を継ぐことになっているようだ。

読者の皆さんは、そうした「名門」に生まれた男子が、30〜40代ともなるといずれも「ひとかど」の役者に成長していることを不思議に思わないだろうか。たとえば歌舞伎を演じるには、さまざまなワザや所作を身につけなければいけないはずだが、そもそもそれには「才能」は関係ないのだろうか。結論を先に言うなら、筆者は「環境がほぼすべて」だと思っている。歌舞伎の家に生まれることが決定的なのである。その中で呼吸をし、ご飯を食べ、周囲の人とかかわるなかで歌舞伎役者におのずとなっていく。市川の家に生まれなければ、海老蔵にはなれない、と言ってもよい。

各界で二世現象が広がっているという事実のうらにあるのは、一世のもとに生まれ、そこで育つことが、各界で活躍するための大きなアドバンテージとなる度合いが今日高まってきているという事情であろう。最もわかりやすいのが政界の事例である。

まず、歴代首相を見てみよう。1996年に自民党が政権に返り咲いた時の首相が橋本龍太郎である。以下、政権は次のように引き継がれてきた。

橋本龍太郎→小渕(おぶち)恵三→森喜朗→小泉純一郎→安倍晋三→福田康夫→麻生太郎→鳩山由紀夫→菅(かん)直人→野田佳彦→安倍晋三（返り咲き）→菅義偉(すがよしひで)→岸田文雄

合計12人であるが、そのうち二世・三世などの世襲政治家でないのは、菅直人・野田佳彦・菅義偉の3人だけである。そのうち前の2人は民主党政権下の首相であるため、近年の自民党政権下において世襲でなく首相の座に着いたのは、菅義偉ただ1人ということになる。

また現在、国会議員の約3割が「二世」を中心とする世襲議員だという報告がある。そこでは、計量的な分析の結果、「世襲議員は選挙における地盤や資源に恵まれており、選挙に強く、当選回数が多いということ、さらに世襲議員は自分が代表する地域により多くの補助金をもたらす」（飯田他　2010、139頁）ということが指摘されている。「地盤、看板、カバン」というよく知られた言葉がある。この3つの「バン」に恵まれていなければ、選挙に勝つことは難しいという現実があり、それが世襲議員の輩出という現実につながっている。

話は変わるが、芸能界においても、二世芸能人の増加が顕著なようである。インターネットで検索してみると、「成功していると思う二世タレントランキング！親の七光りを感じさせない二世タレントは？」という記事があった。そこでのベスト10には、宇多田ヒカル、佐藤浩市、Ｔａｋａ、杏、香川照之、長澤まさみ、京本大我、新田真剣佑（あらたまっけんゆう）、杉咲花、松たか子といった名前があがっている（https://ranking.net/rankings/best-nisei-geinoujin）。筆者には、そもそも誰だかわからない人物も数人混ざっているのだが、彼らがどういう二世であるか（＝誰が彼らの親であるか）、読者の皆さんにはおわかりになるであろうか。

芸能界で、あるいは音楽やスポーツの世界で、なぜ二世が増えているのか。確たる根拠があるわけではないが、おそらく言えるのは、「一世」の人たちが培ってきた知識や技能の確かさ、人気の高さ、仕事に対するモチベーションの強さ、経済的な富や資産の豊かさ、人間関係のネットワークの広がりなどが、二世の人たちのスタート時点での大きなアドバンテージになるということであろう。もっとも二世たちの、将来へと続く「成功」となると話は別である。「親の七光り」だけでしぼんでいくか、末広がりの活躍を見せることができるか、二世なりの研鑽（けんさん）や工夫がそこでは必要となるはずである。

二世現象の広がりは、社会の階層的再生産の傾向が強まっていることの現れと見ることもできる。社会学における階層研究分野での知見によると、日本社会全体の階層的流動性はここ半世紀ほとんど変わっていないが、「社会の上層レベルでのパイ縮小と上昇移動率の低下」という事実が観測されるということである（石田・三輪 2008）。そこで念頭に置かれているのは、ホワイトカラーのなかでも管理・専門的な職業ではあるが、政治家にしてもタレントにしても、人々から注目を集める「社会の上層」に位置する者であることに間違いはない。一般庶民の手の届かないところで、階層的閉鎖性の強まりが顕著になってきていると結論づけてよいだろう。

②　サラブレッド化

右で述べた「二世化」という現象とも深くかかわってくるが、ペアレントクラシーの社会では「毛並みのよさ」（あるいは「育ちのよさ」）が大きく問われるようになってきていると、筆者には感じられる。

先日たまたまテレビをつけると、上白石萌音（かみしらいしもね）という俳優さんのインタビューが放送されていた。2021年下半期のNHKの朝ドラ『カムカムエヴリバディ』の主人公を務めた人物である。話を聞きながら、筆者の脳裏に浮かんできたのが「芸能界のペアレントクラシー」という言葉であった。

俳優ということであるが、歌がとてもうまい。そして、作詞もし、エッセーも書くという。演技も文句なく上手である。「若い人は（マルチに活躍して）すごいね」という聞き手の突っ込みに対して、「そうですね。私の周りの人たちも皆ボーダレスになってますね」と答える彼女。周囲にいる若い知り合いたちも、皆「ボーダレス」に頑張っている、すなわちいろいろなジャンルでの活動に手を伸ばしている、ということである。彼女は、アカプルコでの思い出（お父さんが日本人学校の教師だったようだ）や、同じく俳優である2つ違いの妹・萌歌（もか）とのエピソードをにこやかに語った。

彼女を見ていると、多くの人が「育ちのよさ」を感じるのではないか。海外日本人学校にも勤務した父親と元音楽教師で自らのピアノの先生でもあった母親の薫陶（くんとう）のもとで、すくすくと自分が持つ才能・資質をのばしたのが、現在24歳になる彼女である。「ペアレントクラシー」を地で行く存在であるように、私には思われる。

話を、筆者の知り合いのお子さんに移そう。その知り合いというのは北陸のある県の教育関係者であり、配偶者も高校教員である。端的に言うと、両親が教師で、一人っ子であるそのお子さんは、現役で東京大学に進み、卒業後は文部科学省に入省した。

筆者も東京大学教育学部出身ということもあり、そのファミリーと食事をともにすることがあった。そこで彼女は、次のように語ってくれた。「最近は志水先生がおっしゃるような『苦学生』的な教育学部生はほとんどいませんよ。みんな明るく、余裕をもって入学してきた仲間が多いですよ」と。彼女自身が、まさにそうなのである。明るく、素直で、賢明で、親思い。どこにも文句のつけようがない人である。

私が大学を受験したのは、40年以上も前のことである。私は運よく現役で合格したが、一浪はおろか二浪、三浪もふつうに存在した。当時の現役合格率は45％ほどであったと記憶する(現役合格が嬉しかった私は、鮮明にその数値を覚えている)。また、自分自身も含め、地方の「無名校」から合格を果たす者もちらほらいた。入学当初そうした「マイノリティ」が集まって、大学生活をスタートさせた記憶もある。今日では、そうした地方の無名校からの東大進学はレアケースになっている。今日、東京大学の現役合格率は70％以上に達しているという。また、合格者の大部分は、名の知れた進学校の出身者である。

なぜ現役合格率がこれだけ高くなっているのだろう。明らかにひとつの要因として、経済的理由から、あるいは心理的理由から、受験生が浪人という選択肢を避けるようになってきているという事態を挙げることができる。しかし、私には真の要因はほかにあるように思われる。それはずばり、「ペアレントクラシーの高まりの帰結」とでも言えるものである。東大へといたる受験の道のスタートは著しく低年齢化しており、周到に親が用意した子育て・教育によって順調に成長した若者たちが、ある意味余裕をもって受験というハードルをクリアできているのではないか、と考えるのである。逆に言うと、苦労してはいあがった者が逆転できないようなギャップ、あるいは地方で自分なりの地道な努力を続けているだけでは乗り越えられないようなカベが、そこには生じているのかもしれない。

前に挙げた俳優さん、あるいは知り合いのお子さんは、表現はやや適切ではないかもしれないが、大切に育てられたサラブレッドのような存在である。サラブレッドは、英語で書くと thoroughbred となる。すなわち、「徹底的に」あるいは「綿密に」(thorough)、「飼育された」(bred) 存在が、サラブレッドなのである。

教育社会学者の本田由紀は、「ハイパー・メリトクラシー」という考え方を提起している（本田 2005）。「ハイパー」とは、「超」という意味である。メリトクラシーを超えた次の段階「ハイパー・メリトクラシー」の世の中では、従来必要とされてきた能力（＝受験学力で主に測られるようなもの）だけではなく、コミュニケーション能力や独創力、問題解決力、さらには「感じの良さ」「人間力」などの数値化・測定化できない能力が重視されるようになる。このハイパー・メリトクラシーという捉え方は、本書の主題であるペアレントクラシー社会で重要視される能力の中身を適切に捉えているように思われる。サラブレッドの「毛並みのよさ」は、とんがったものであってはならない。それは、しなやかで上品なものでなければならない。

ただし、サラブレッド馬の使命はあくまでも競走に勝つことである。「最も速く走る」という卓越性が求められるのである。現代を生きる人間の場合、ただコミュニケーション能力があればよいというものではなく、激烈な競争を勝ち抜くことが前提条件となる。その上で、他者と良好なコミュニケーションができて、独創的な問題解決力を発揮できること。卓越したサラブレッドは、速いだけでなく、見かけも走り方もすばらしくなければならない。

③ 格差化

ここまで見てきたのは、主として社会の上層にかかわる部分であった。言い換えるなら、ペアレントクラシーのなかで自己を生かすことができている人々について見てきたわけである。次に、その「逆サイド」に目を向けてみよう。すなわち、ペアレントクラシーというゲームのルールを十分に生かすことができない人たち、もっと言うなら、その中で「割を食っている」人たちのことである。

筆者は、2000年ごろから学力問題の調査研究に携わってきた。きっかけとなったのが、その当時に勃発した学力低下論争と呼ばれるものであった（市川 2002）。私たちは比較的大規模な実態調査を行った。そこで見出されたのが、「学力低下」の内実は「学力格差の拡大」であるという事実であった（苅谷他 2002）。

わかりやすく言うなら、小中学生の間に、学力の「2こぶラクダ化」とでも呼ぶべき事態が進行していることが明らかになったのである。それ以前の段階ではおおむね「1こぶ」だった子どもたちの学力分布が、「できる層」と「できない層」に分極化する傾向が見られはじめたのである。そしてその「2こぶ」は、子どもたちの家庭背景と強く関連していた。すなわち、「できる層」は豊かで安定した家庭生活を送っている層と、「できない層」は家庭生活にさまざまな課題をかかえている層と大きくオーバーラップしていたのである。この状態は今日の公立小中学校では常態化しており、「できない層」をどう支えるかという課題が各校の共通した懸案事項となっている。

この点にかかわって注目されるのが、子どもたちの「体力の二極化」という問題である。2021年に『子どものスポーツ格差』というタイトルの本が出版されたが、この本のなかで子どもたちの「体力の二極化」が、筆者らが指摘してきた「学力の二極化」に相伴うものとして検討されている。そして、「様々なデータが示すようにスポーツへのアクセスに人々の社会経済的地位が強力に影響するようになってきて」おり、「近代以前のスポーツへと逆コースを辿りつつある」(清水編著 2021、vi－vii頁)という重要な指摘がなされている。ここで言う「近代以前のスポーツ」とは、特定の地位や身分にある者たちのみがその面白さや喜びを享受できたもの、という意味合いを有している。

話を学力格差に戻す。学力格差の実態を把握し、その改善・解決の方向性を探ろうと試みてきた筆者がある時思いついたのは、格差が顕在化しているのは一人ひとりの子どもたちだけではなく、彼らが学ぶ学校自体の格差が拡大し、二極化が進んでいるのではないかという疑問であった。勉強の「できる層」と「できない層」の二極分化を追いかけていたら、できる子が集まる「評判がいい学校」とできない子が集まる「評判がわるい学校」への二極分化が目に入ってきたということである。

多少の地域差はあるものの、小中学校については、「できる子」が行く「私学」、ふつうの子が行く「公立」という色分けはこれまでもあった。それが、公立学校のなかでも分極化が進行しはじめたのである。それに実質的に拍車をかけたのが、2000年の品川区以来、2000年代に各地で広がった「学校選択制」の導入であった。文部科学省の調査によれば、2006年には全国のほぼ14%の自治体が何らかの学校選択制を採用することになった。もっともそれ以降、学校選択制の導入にはブレーキがかかり、今日では見直しの動きが広がっているようだ(志水 2021、4章)。

いずれにしても、2007年からはじまった全国学力・学習状況調査が定着した今日、その得点分布を見ると、ほとんどすべての自治体で高得点をとる学校とそうではない学校に分極化する傾向が見られる。そしてそれぞれの学校の得点は、学校が立地する地域の、あるいはその学校を選択する親たちの社会経済的地位に大きく規定されるものとなっているのである。

高い平均点をとる学校を「いい学校」、低い平均点しかとれない学校を「わるい学校」

ととらえる見方は正当ではないことを、ここで強調しておきたい。なぜならば、学力テストの点数には、大ざっぱに言って「家庭の力」と「学校の力」が関与しているのであり、少なくとも教育社会学の視点から言うなら、高い平均点に主に寄与するのは「家庭の力」だと考えることができるからである。極端に言うなら、学歴が高く、専門職についている保護者の比率の高い学校では、教師がさぼっていても子どもたちは高い点数をとるのである。それを「いい学校」と形容するのは、果たして正しいだろうか。逆に、「しんどい」家庭の多い学校では、教師が子どもたちの学力を懸命に下支えしようとしても功を奏さないことも多く、平均点は低迷しがちになる。それを「わるい学校」と評価するのはフェアではない。

「絵に描いた餅」になりかねない「多様な選択肢」

ペアレントクラシーの基本となる考え方は、「子どものために少しでもよい教育を与えたい」という親心にある。それに応えるために学校教育システムを再構築することが必要だということである。子ども・保護者の多種多様なニーズに応えるために、さまざまなタイプの教育機関を設け、選択肢を増やすことが試みられている。しかし現実には、その試みの恩恵を受けることができるのは、主として先述の著書のなかで「教育を選ぶ人」と名づけた、一部の人たちである。より多数からなる「教育を受ける人」たちにとっては、選択の自由の尊重を掲げる教育システムは、品揃えは豊富だが、高いものしか置いていない、高級デパートのようなものである。さらに、貧困層や外国籍の人たちといった人々は、常に「教育を受けられない人」に転落するリスクをかかえている。彼らにとって、多様な選択肢は絵に描いた餅にすぎない。

そうした状況のもとで、高校や大学のみならず、小学校や中学校までもがタテ方向に序列化する傾向、すなわち「いい学校」と「わるい学校」に分極化して把握される傾向が強まっている。ゆゆしき事態だと言わざるを得ない。

4　新自由主義的教育政策との共依存関係

強まりつつある新自由主義的色彩

新自由主義とは、何よりも市場競争を重視し、自己責任を基本とした小さな政府路線のもとで、福祉・公共サービスの合理化、公営事業の民営化、大幅な規制緩和、労働者保護政策の廃止などを図ろうとする政治スタンスのことである（志水 2021、44頁）。その流れのなかにある新自由主義的教育政策とは、「市場原理（より具体的にいうなら、選択の自由、あるいは競争原理や成果主義）を教育の場に持ち込もうという明確な意図を備えた一連の政策」（前掲著、20頁）のことを指す。ペアレントクラシーは、この新自由主義的教育政策といわば共依存関係にあると言える。

「共依存」とは、心理学の用語で、「自分と特定の相手が互いに過剰に依存し合い、その関係性に囚われている状態」を指す。先にペアレントクラシーには、理念としての側面と実態としての側面があると区別した。そのうちの理念としてのペアレントクラシーとは、教育システムを再構築するうえで、保護者の選択の自由を最大限保障することを目標とするものであった。その理念を真っ正面に据え、教育システムのリストラを断行しようとするのが新自由主義的教育政策である。

そもそもペアレントクラシーという語の生みの親であるイギリスのブラウンがその言葉を発表したのが1990年のことであった。筆者はほぼ同時期（1991〜93年）にイギリスで在外研究に従事していたのだが、そこで目にしたものはサッチャー元首相のもとで成立した1988年教育改革法によって、劇的な変貌を遂げつつあるイギリスの教育界であった。ブラウンはその状況を目の当たりにして、ペアレントクラシーという言葉を発想したに違いない。親の自由な選択が教育システムの中核に来る時代の到来を予感したのである。

日本では、イギリスよりやや遅れて、新自由主義の考え方が教育界に入ってくることになる。最大の画期となるのが、2000年の品川区における学校選択制の導入である。それを含め、日本における新自由主義的教育改革の経緯については拙著（2021、特に2章）にまとめているので、そちらをご覧いただきたい。いずれにしても、本家イギリスに比べるとマイルドな形ではあるが、日本の教育界も新自由主義的色彩が強まりつつある。

具体的には、学校選択制の導入以外にも、民間人校長の採用、全国学力テストの導入、中等教育学校（1999年創設）や義務教育学校といった新しいタイプの学校の創出、学校運営協議会の設置を伴うコミュニティ・スクールの法制化などが、その代表的施策である。

そのような施策が採用される背景には、疑いもなく実態としてのペアレントクラシーの高まりがある。一人ひとりの多様な個性の伸長こそが教育の最大の務めだとする常識の形成、教育を選ぼうとする「熱心な層」の増大、競争によってこそ教育の質は高まるという信念の流布などの下地がなければ、新自由主義は成り立たない。そうした下地が成立していたからこそ、2000年代になって日本の教育界は、急速に新自由主義化している。そして、そうした教育政策の連なりが、さらに人々の教育に対する「願望」を増幅させていくのだ。

つまり、理念としてのペアレントクラシーが新自由主義的政策の勃興をもたらし、さらにその展開が実態としてのペアレントクラシーを強化していくという循環構造の成立あるいは相互依存関係の強化をもたらしているのである。そしてその相互依存関係は、もはや「共依存」とでもいうべき病的な段階にまで来ているのではないか、というのが筆者の見立てである。

「親ガチャ」と形容されるほどに、子どもの運命は、どの家に生まれるかという条件に左右されるようになっている。そうしたペアレントクラシーの実態に対して、新自由主義と呼ばれる教育政策が「火に油を注ぐ」形で作用してしまっているということである。新自由主義のもとでは、個人や学校や地域が競い合い、「勝者」と「敗者」にくっきりと識別され、結果の一切が自己責任とされるという事態が生じやすい。そもそも教育には、数値化できないもの、短期的には効果が見えにくいもの、優劣という評価軸にはなじまないものが含まれており、それこそがより重要であるという見方も可能であり、筆者などはそうした立場に与(くみ)するものである。

5　本書の構成

以下、本書では、現代日本におけるペアレントクラシーの実態を、異なる4つの視点から読み解いていきたい。その四者とは、「子ども」（2章）、「保護者」（3章）、「学校・教師」（4章）、「教育行政」（5章）である。各章では、それぞれにとってのペアレントクラシーの現実をできるかぎり具体的に描き出すことを試みたい。それぞれの場で何が起こっているのか。当事者たちは何を感じ、考え、行動しているのか。4つの章を通して、ペアレントクラシーのリアリティーの立体的な把握を試みたい。

最後の6章では、2~5章の4つの章で明らかになったペアレントクラシーの姿をどう評価すればよいかについて、筆者自身の視点から論じる。読者の皆さんには、それぞれの立場から（市民として、社会人として、学生として、親としてなど）筆者の議論に耳を傾け、ペアレントクラシーに自分自身としてどう向き合うかをともに考えていただきたい。

〈注〉

① 本節は、以下の文章をもとにしている。志水宏吉『二極化する学校』(2021)、1章1節。図表には若干の修正を施した。

第2章 追い詰められる子どもたち

1　ある女子中学生の語り

「授業はなんでもおもしろい。あんまり受けてないけど、それなりにおもしろい。問題が解けたときなんか、最高におもしろい。（略）先生のなかには気にくわん先生がおるけど。差別する先生が、えこひいきする先生がようけおるよ。不良グループの男の子らには絶対注意せんかって、おとなしい子には、なにかえらそうな言い方するねん。そういうのが腹立つ。そんなん関係なしにおこる先生もおるけど（略）。

授業をさぼってるときは、家におる。家で寝てるか、うーん、ぶらぶらしてるか、どっちか。ひとりで公園で空を見とったり。なにか、ボーッと考えごとしてる。家におったって、おもしろないから。（略）

今は、わからんもんがいっぱいある。英語と数学と。みんなかなあ。まあ、国語はなんとかついていってる。わからんようになったら、だんだんいやになってくる。ちょっと一問わからんかったら、あとの問題やる気ない。（略）やる気なかったら、ほんまにわからん。ほんまは、わかる問題やねんけどなあ。やりたくないと思ったら、ほんまにやりたくない。あと、勉強以外に楽しいことがあったら、先生が説明している横から、他の子が楽しい話題もってきたら、そっちばっかりいってしまう。やっぱ、勉強よりは話のほうが楽しいと思うから。

（略）

塾には行ってない。塾の試験に落ちてしまってん。小学校五年生ぐらいのとき、あれからもう、塾ぎらいになってん。もう、落ちたから、あたしはアホやと思って、やる気それっきりなくしてしまってん。塾もいいけど、どうせ長続きせえへんから。何やらしても。

なんか、なんもおもしろいとは思わん。単に、学校来んのが楽しい。（略）朝、学校に来るのはダルイとか思っても、いざ学校へ来ると、もう帰んのがつらくなる。みんな、そんなもんやと思うよ。休みに遊んだりして、『明日学校に行きたいなあ』言うたら、『おお、行きたい』言うて。みんな、そう言いませんか？『学校イヤや』とか言いますか？　みんな、ふつうは『イヤや』とか『つまらん』言うけど、ほんまは、（略）みんな学校恋しがる。だって、みんな集まって話してるときは、『中学校っていちばんいややや』とか『はよ、大人になりたい』とか言いながらでも、二人ぐらいになって話してると、『中学校時代、学生気分がいちばん楽しい』って、みんな言う。みんな、なんか悪ぶって言うだけで、うん、正直になったら、みんな言う。『学校よかったあ』言うて。『学校にもどりたい』言うて。」

（志水・徳田編　1991、135－138頁。傍線は筆者による）

子どもの視点から

この長い引用は、ある女子中学生の言葉である。時は1980年代後半。場所は関西のある公立中学校の生徒相談室。まだ若かった筆者は、その中学校で調査活動を行っていた。遅刻してきた彼女を、当時大学の助手だった外部者の私が、ある成り行きから相談室で面倒をみることになったのであった。彼女は中2。時期は6月頃だったと記憶する。

冒頭、彼女は「授業はなんでもおもしろい」と言っている。そして、「問題が解けたときなんか、最高におもしろい」と言葉を継いでいる。彼女は、家で一人でする勉強はつまらないが、学校での友だちとの勉強をとても楽しいと感じている。勉強することがきらいなわけでは決してない。一人でやらねばならない宿題とか、おしゃべりを許さないタイプの授業などを好まないのだ。

後半では、「単に、学校来んのが楽しい」とも言っている。そして、おそらく逸脱傾向をもつ彼女の友人たち、あるいはすでに中学校を卒業している先輩たちも、実は学校が大好きなのである。「みんな学校恋しがる」のだから。

右の引用には、彼女の家はほとんど出てこない。しかし、「家におったって、おもしろないから」という言葉が、すべてを表しているように思う。教師たちからは、「家庭の事情が複雑だ」と聞かされたことはしばしばあった。

いずれにしても、入学時にはそこそこだった彼女の成績はどんどん下降していった。それに合わせるように、彼女はだんだんと「反学校」的な行動をとるようになり、中3時にはほとんど授業を受けなかった。そして最終的には、卒業式にも出ることができなかった。筆者がまとまった時間彼女の話を聞けたのも、この時だけである。結果的に、「授業はおもしろい」とする彼女の気持ちは、中学という場で生かされることはなかった。

本章のテーマは、子どもの視点からペアレントクラシーを見ることである。第1章でふれたように、現代の日本においては、子どもたちが生まれ育つ家庭環境は、とみに格差が広がり、二極化しつつあると言ってよい。家庭環境の違いが子どもたちの育ちにきわめて大きな影響を与え、社会的な格差・不平等の拡大再生産をもたらしつつある。

本章では、二極化する家庭環境の「両サイド」を、子どもたちの語りをもとに描き出してみたいと思う。経済的・文化的に恵まれた子どもたちは、ペアレントクラシーの上昇気流に巻き込まれ、家庭・地域・学校においてそれぞれ独自の経験を積み重ねるに違いない。それについては、本章の後半で、筆者が勤務する大阪大学の学生たちを事例に検討を加えることにする。

他方で、社会経済的にきびしい状況に追い込まれている子どもたちは、前者とは対照的な生活体験を蓄積していくはずである。前記の中学生（今では、彼女は40代半ばになっているだろう）の事例は、その導入として紹介したものである。それを受けて次節では、きびしい家庭環境のもとにある現代の子ども・若者たちにフォーカスを当ててみることにしよう。

2　ペアレントクラシーに乗れない子ども・若者

「しんどい」子どもたちのリアル

本節では、以下の2冊の本から、子どもたちの声を拾ってみることにしよう。

一つは、志田未来著の『社会の周縁を生きる子どもたち』（2021）、今一つは知念渉著の『〈ヤンチャな子ら〉のエスノグラフィー』（2018）。彼らはいずれも筆者の研究室の出身で、「しんどい」家庭の子ども・若者たちとたしかな信頼関係を築き、たしかな学術書を刊行している若き教育社会学者である。

まずは、志田の本からの引用である。自身がひとり親家庭の出身である志田が注目したのが、ひとり親家庭を中心とする「非標準家庭」に生まれ育つ中学生たちであった。ここでいう「非標準家庭」とは、「一対の男女によって構成される夫婦とその子どもで構成され、かつ成員間に愛情のある家族」（志田 2021、10頁）という通常の家族規範から逸脱した家庭のことを指す。

次に引用するのは、非標準家庭の生徒の一人である千裕と志田の会話である（「＊」は志田を意味する。傍線は筆者）。

千裕：（きょうだいのなかで自分が）一番上やったから、（父親から）結構な怒られ方をしとってんやんか？　1時間、洗面所で正座させられたりとか。

＊：まじ？

千裕：まじ。伸びひんかったもん、足（笑）。そんなんが多くって、真ん中はすごいうまいこと機嫌取るから、なんか一人だけめっちゃまだ良くて、一番下は、力がまだ弱いから、怒られながら、詰められて、洗濯機のところまで追い込まれるとか（略）。

（略）

＊：その後変わった？　お父さん出てった後とか。生活とか。

千裕：千裕が中心になった（笑）。変わったっちゃあ変わったけど、そんなに。幸せだよ。

＊：前と今とどっちがいいとかある？

千裕：千裕が中心やから、どう考えても千裕は今がいい。あいつはホンマにいらん。ホンマに嫌。（父親が）おらんかったらめっちゃ安心する。

千裕は三姉妹の長女である。小さい頃、父親の暴力に苦労していたが、その父親が出ていったあと「幸せだよ」と語っている。「おらんかったらめっちゃ安心する」とも言っている。

彼女は、家では炊事・掃除・洗濯を担当しているという。それをめぐって続く会話が以下である。

＊：それって自分ですすんで？
千裕：一応みんな割りふられてる。
＊：妹も？
千裕：そうそうそう。一番下（＝小3）はお風呂洗いとか。
＊：え、習慣で？
千裕：うん。そやね。離婚してから。さすがに一人じゃキツイって（思って）。

＊：（同居親と）学校の話するって言ってたもんなぁ？
千裕：うん。ほぼ学校の話。
＊：テストも見せる？
千裕：うん。こないだも見せた。欠点一個やったわぁって。
＊：「あかんやん」とか言う？（略）できひんかった時とか。
千裕：んーっ嵐って全国でやるやん？　ツアーを。やから、今回のテストがクラス平均、前回の22位より、下がってたら（略）、次のコンサートから、県外のとこに行くのはなしなって。
＊：へーっ。
千裕：やばいって。今はまだわからへんから。どうやろなぁーと思って。
（略）
＊：どっか遊びに行く時に、親に言う？　「今日どこどこ行くでー」とか。
千裕：うん。「遊びに行ってくるわー」「誰と？」「誰々とー」って。で、すごい親バカやから、めっちゃ心配するから、何時には帰るんで安心してくださいみたいな。

千裕の家では、娘たちが分業体制で、母親の家事の切り盛りをサポートしている。また、右の引用の後半に見られるように、千裕は母親とのコミュニケーションも欠かさない。ここに見られるのは、母と娘たちからなる「助け合う家庭」の姿である。

今一人、男子生徒の例を引いてみよう。誠治と志田との会話である。

誠治：あれやもん、前のお父さんとお母さん喧嘩絶えへんかったもん。
＊：ホンマ？
誠治：壁穴空いてるからな。トイレの前のとこに、穴空いてんもん。たぶんお父さんがやったと思う。しかもこんな（指で15㎝くらいの大きさをつくる）分厚いねんで？　こんなコンクリートみたいな。それにボーン穴が。ヤバいホンマに。多分オレの記憶では皿とか投げてたっけな。喧嘩で。
＊：お母さんが？
誠治：ちゃうちゃうちゃうちゃう。お父さん。（略）で、（略）3、4歳の時にこっち来てん。
＊：へーっ別れて？

誠治：うん。いきなり「旅行行くで」みたいなこと言い出して、用意して（略）。小っちゃい頃やったから、（略）ゲームって旅行行ったら欲しいやん？　だから「ゲーム機忘れた」って言ったら、「いや、ゲームなんかそんなん後で買ったるから、早く行こう」とかいうからさぁ、どうしたのー？　とか思ったら、違う家行くからさぁ。いきなり焦った。新幹線乗って、バス乗って、みたいな。そんでなんかようわからんアパートみたいなとこにいきなり行き出して、そこ2か月くらい住んで、で、引っ越して、今のとこに。

＊：そうなんや。全然その理由聞いたことない？　今まで。

誠治：わかんない。

誠治の父も暴力をふるうタイプの男性だったようだ。ある日、母子は「逃亡」を図った。そして、異なる町で新たな生活を築きはじめた。月日が経ち、誠治は無事に高校進学できたが、その時の様子をこう振り返る。

＊：高校行く時は？（同居親から）高校行きやって言われた？

誠治：ううん。「どうすんの？」みたいなんで。「行く？　行かんの？」って。（略）どうせ行けってことやと思うけど。「中卒でお前、働くとこないぞ」みたいな。（略）でもなんか、点数とか（略）お母さんたちから見てたら、そんなん行けそうにもないから。「このままやったら無理やで」みたいな。行ける、自分で頑張るって、勉強するって言っても、「じゃあ見とくわ」みたいなんで、テストの時に、「見てたけど、これどういうことやねん！」みたいな。絶対塾行けよって感じになってるやん。ほんで嫌々塾行って、勉強しんと（＝しないで）、帰って。どうせ受かったけど。

現在、お母さんには新たな「彼氏」がいる。

＊：お母さんの彼氏は？

（略）

誠治：もうあの彼氏、オレたちと会って、もう3年4年？　くらい経ってるから。まぁそんなくらいかな。ってかホンマ、普通やねんな。（略）オレたちのやったらあかんこととか、そういうのはちゃんと叱ってくれる。最後までお母さんと一緒に話し合いとかしてくれたり。解決するカギを与えてくれるみたいな感じかな。

ここでは、母親の新たな「彼氏」がいわば「父親としての役割」を果たしてくれている、という誠治の感謝の念が表現されている。この誠治のケースは一つの事例であるが、志田の著作のなかでは、非標準家庭の生徒たちが、親族であるか否かにかかわらず、身近な人々とのネットワークのなかでうまく自らの生活を切り拓いてゆく姿が活写されている。

志田によると、千裕とはその後連絡がとれなくなり、今どうしているかわからないという。他方誠治は、最初に在籍していた高校を経て、工業系の仕事に就く予定だったが、料理人を目指したいという気持ちが強く、調理師専門学校に進学後、京都の有名割烹料理店に就職したという。だが、数年でそこをやめてしまい、現在は四国で車関係の仕事に就いているそうだ。注①

次に、知念の著作から、若者たちの声を拾ってみることにしよう。彼が調査対象に選んだのは、大阪のなかでも最も社会経済的にきびしい層の生徒たちが集まる府立高校であった。そこで知念が人間関係を築いていったのが、いわゆる「ヤンキー」と呼ばれる層の男子生徒たちである。次の引用に出てくるヒロキとコウジは、そのなかの2人である（以下「＊」は知念を指す。傍線は筆者による）。
以下は、知念とヒロキそしてコウジが、家族について話をした場面からの引用である。

ヒロキ：おれ、朝早くから働いて、夕方には帰るっていうのがいいねん。
＊：朝早くからって朝七時とか？
ヒロキ：そう。そやったら、家族でご飯とか食べれるし。朝は無理やけど、夜は一緒に食べれるから。で、日曜日は休みみたいな。日曜日休みやと、子どもと遊びにもいけるし。そんなんがいいねん。

＊：自分の育ってきた家庭みたいなんにしようと思う？
コウジ：全くといっていいほど、思わん。
＊：どんな家庭にしたいと思う？
コウジ：やっぱ笑いとまらんとかやろ。なにもかもおもろいとかやろ。
＊：子どももいて。

コウジ：やっぱお父さん、怖いけどやさしいっていうとこがいい。
＊：怖いけどやさしい？
コウジ：怒るとこは怒るから、こうやったらあかんで、みたいな。でも、どっか遊びにいこうかとか、子どものために時間つくってあげたりするのもめっちゃいいと思う。だから、イトコがそうやねんや。イトコの家庭がそんなんで、めっちゃうらやましいねん。

コウジ：ヒロキにも話聞いたほうがいいで。ヒロキの話はほんまおもろいで。あいつ、おれよりひどいもん。だって、夜中帰ってきたら家の鍵閉まってて、ドアの前で寝てて、ほんで（母親が）ヒロキに気づいて鍵あけたと思ったら、毛布かぶせられて終わり、とかやで。おれは家はあったからな。あいつん家はほんまひどいで。

ヒロキとコウジが語っているのは、「ふつうの家庭生活」へのあこがれである。「家族でご飯とか食べれる」、「日曜日は休みみたいな」（ヒロキ）、「笑いとまらんとか」、「子どものために時間つくってあげたりする」（コウジ）。次節以降でみるタイプの家庭に育った者には「ふつう」のことが、ヒロキやコウジにとっては「理想の姿」となる。

次の引用は、ヒロキ・コウジ・知念が3人で雑談している時のものである。

＊：ヒロキの家庭複雑やな。
ヒロキ：そうでもない。児童相談所とか児童養護施設とか行ったら、親もいないし、親戚も誰もいやん人いっぱいおる。それに比べたら、と思うし。全然、苦しくもなかったし。
コウジ：でも、おれとかまだましやで。アフリカの子とかテレビで見てたらほんま食うのがないとかあるやん。足がないとかな。そんなんに比べたらおれは食うもんない言うても、そのへんで選ばんかったら拾って食えるし、足もちゃんとあるしな。
＊：でも比べたらそうだけど、きついもんはきついよな？
コウジ：きついけど、でも、比べんねん。おれはな。（生活が厳しくて）暗くなるやつとかおるけど、おれは前見て。こんな厳しい生活してる人はたぶん、のちのち、

幸せになんで。厳しい生活のことわかるからそんな人にやさしくするしな。金持ちのやつとかきらいやもん。

ヒロキ：おれは金持ち好きやで。

コウジ：それは金づるとしてやろ。（コウジ、ヒロキ、知念の三人が笑う）

ヒロキは「親もいない」人に比べると、自分は全然苦しくないという。コウジにいたっては、「アフリカの子」を引き合いに出して、食べるものもあれば、足もあるから大丈夫と答えている。「金持ちのやつとかきらい」というコウジの発言に、「おれは金持ち好き」とぼけるヒロキ。そして「金づるとしてやろ」というオチに笑う3人。なんでも笑いに変える大阪のヴァイタリティがそこにある[注②]。

知念によれば、ヒロキは小学校入学時には母親と暮らしていたが、母親の再婚をきっかけに、小学校高学年まで児童養護施設に入っていたという。母親が再び離婚したため、異父妹と一緒に暮らすようになったが、中学校時代はあまり家にも帰らず、学校にも行かない日々が続いた。高校入学後は友達の家を転々としながら過ごす時期もあったが、教師や保護観察官のサポートもあり、やがて一人暮らしをスタートさせた。一年留年したものの、何とか高校は卒業できたという（知念 2018、151頁）。卒業後は、建設現場の派遣として働くかたわら、中学時代の友だち二人とユニットを組んで、メジャーデビューを夢見て音楽活動中心の日々を送っているそうだ（同 201頁）。

コウジは、小1の時に母親が家を出、父親ときょうだい3人で暮らすことになったが、その数年後に父親が自死する。それ以降は母親と暮らしているが、母親が精神的な病を患い働ける状態ではなかったので、生活保護を受けてきた。小中時代は、不登校状態に陥ることもあったが、何とか高校に入学。しかし、母親の病気もひどい状態が続き、生活状況が悪化する中で出席日数が足りずに進級できなくなり、結局高校を中退せざるを得なくなったという（同 152頁）。

コウジもヒロキと同様に現場仕事を見つけ、夜は居酒屋で働くようになった。居酒屋を経営したいという夢があったからである。しばらくのち、コウジが「キャッチ」を始めているという噂が入り、その後誰とも連絡がとれなくなったという（同 185－186頁）。

どうだろうか。ここではわずか4人の言葉を拾うことしかできなかったが、大阪の公立の中学校や高校にはこうした生徒たちがかなりの数在籍している。彼らは、いわゆる「複雑な家庭」に育つ子どもたちである。少数の例外を除いて、彼らが高等教育を享受することはない。そもそも大学は、彼らの視野の及ばないところにあり、手の届く選択肢としてのリアリティーを持たない。ペアレントクラシーの上昇気流は、実質的には彼らの生活世界の外側に存在しているのである。

3　ペアレントクラシーの上昇気流に乗って

大阪大学の学生の事例

ここまで見てきたのは、格差が二極化する日本社会の片方の極に近いところで生きる子ども・若者たちの姿であった。本節以降では、その反対側、すなわちペアレントクラシーの最前線で生きる若者たちの言葉に耳を傾けてみることにしよう。

具体的に対象とするのは、筆者が勤務する大阪大学の学生たちである。筆者が担当している講義「学校社会学」の2021年度受講生たちに、最終レポートとして「私にとってのペアレントクラシー」というテーマで文章を書いてもらった。注③ 以下では、そのなかから特徴的だと思われる回答をピックアップし、考察を加えてみたい。

なお大阪大学は、入学難易度で言うと東京大学・京都大学に続く「3番手」とみなすことができる国立大学である。2021年の18歳人口は約115万人であり、この3つの大学の入学定員を合わせると約9000人であるから、単純に計算すると、同年齢層のうち約130人に1人だけがこれらの大学に入れるということになる。

レポートを寄せてくれたのは三十数名で、彼らの親の学歴は9割以上が大卒であり（母親については短大もふくむ）。両親が高卒というパターンは2ケースしかなかった。単親家庭は3ケースあったが、いずれも幼少期に父母が離婚し、母親が祖父母のもとに身を寄せて暮らすというパターンであった。したがって、前節までで見たような「しんどい家庭」の出身者は皆無だったと言ってよい。塾をふくむ習い事についてはトータルで4～6つに通ったという答えが多かった。

以下では、順調型、葛藤型、ユニーク事例（いずれも2ケースずつ）に分けて、何人かの学生の文章を見ていくことにしよう。

① 順調型（Aくんの事例）

私の出身地域は、大阪市のベッドタウンであり転勤族の多い北摂地域にあり、治安が比較的良く裕福な家庭が多い。学力の平均も高く、地元の友人は現在ほとんどが大学に進学している。父は国公立大学の医学部卒であり、母は専門学校卒の看護師であった。

子どもの頃は、水泳、そろばん、ピアノ、バスケを習っていた。バスケを除いた3つは親の方針であったが、いずれも「やっておいた方が後々役に立つだろう」という程度の考えであった、と後になって聞いた。そのため、私がやめたいと言えばすぐにやめさせるし、続けたいというならばサポートするつもりであったという。教育の方針もこれに準じており、基本的には「自分次第」というスタンスであった。勉強を強いられたことは一度もなく、塾に通うことも一切強制されなかった。むしろ、中学でも高校でも、勉強に不安を感じて私自身から通いたいと言い出した記憶がある。私には兄と姉が一人ずついるが、私と同じような家庭教育を受けており、このような放任主義の家庭教育であるにもかかわらず、3人のきょうだいは学校での成績が良く、全員が国公立大学に進学している。親はたびたび「どうやって教育したのか」と親戚や近所の人に聞かれるが、「特に何もしてこなかったのでどう答えたらよいかわからない」と苦笑いしながら話していた。

小中学校は地元の公立学校に、高校は府内の進学校とよばれる公立高校に通っていた。勉強の面で不自由したことはあまりなく、成績の伸びも常にまずまずであった。私の親は子どもたちに対し、放っておいても勉強をしているだろうという信頼を置いていたため、受験期であっても遊びに行くことに対して何も口出ししてこなかった。今思えばそれがちょうどいい勉強の息抜きにもなり、受験勉強をコンスタントに続けることができた要因であるように思う。

② 順調型（Bさんの事例）

私は、大阪府北部の町で生まれ育ちました。自然が豊かなところで、登下校中に地域の方に「いってらっしゃい」「おかえり」と声をかけられるような、地域との距離が近い町です。両親ともに、地元の小中学校に通い、府でも有数の進学校に行きました。父親は私立大学から公立大学の大学院に進学しました。現在は、母校である大学院で化学を教えています。母親は公立の教育大学に進学し、小中高の教員免許を取得しました。現在は、小学校で非常勤講師をしています。

両親の趣味が合唱であるため、幼い頃からよく演奏会に連れられて行きました。年に数回、家族で旅行やハイキングなどにも行かせてもらいました。家族旅行では歴史資料館などに行くことが多かったです。ピアノを14年（3歳〜年長リトミック、小1〜高2ピアノ教室）、ダンスを9年（年長〜中2）、英会話を7年（年長〜小6）、書道を7年（小1〜中2）、ソフトボールを1年（小5〜小6）習っていました。このうち自分から習いたいと言ったのはダンスとソフトボールのみで、他は両親が習わせると決めていたと聞きました。特にピアノには熱心で、小学校2年生から5年生の4年間は、コンクールにも出場させてもらっていました。学習塾は中2の夏から週2回、中3は週に5、6回通っていました。学習塾は地元ではなく、車で20~30分のところにある大手塾で、母親に送り迎えをしてもらっていました。「勉強しなさい」などと言われた覚えは一度もありませんが、物心つく前から絵本や図鑑などがリビングの本棚にぎっしり並んでいたり、お風呂に日本地図が貼ってあったりして、自然と手に取れる・目に入るような環境は整えられていたと思います。

小中学校は、地元のひと学年40人ほどの学校に通っていました。高校は両親と同じ高校へ。両親も受験に関心が高かったことと、3歳上に兄がいるため家族が受験に慣れていたこともあって、情報収集や入試対策の面で困ったことはありませんでした。大学受験の際は、自分で予備校を調べたりオープンキャンパスに行ったりして、比較的自分で考えて動いていたように思います。

Aくんは「勉強を強いられたことは一度もなく」と書き、Bさんも「『勉強しなさい』などと言われた覚えは一度もありません」としている。彼らの文章に最も典型的に見られたのが、こうした表現であった。他にも、「教育や将来のことについて何も押しつけられたことがない」「制限なく、取り組みたいことや学びの機会を与えられていた」「勉強しろとか、成績とかではなく、勉強法や戦略の立て方について指導されることが多かった」などといった回答が寄せられた。

Aくんは、「放っておいても勉強をしているだろうという信頼」が親にはあったと言い、またBさんは、大学入試に関しては「自分で考えて動いていた」と振り返っている。阪大生の主流は、恵まれた家庭環境のなかで自ら進んで学び続ける姿勢を獲得した若者たちだと言うことができるだろう。

Bさんの語りによると、子ども時代に、トータルで5種類、のべ38年間習い事に通ったということである。それにプラスして、中学校時代の送り迎えつきでの塾通い。彼女のように、塾も合わせて6種類の学校外教育機関に学んだという学生も珍しくなかった。そのパターンは以下のようなものである。

Xさん：英会話、習字、エレクトーン、絵画、空手、塾
Yくん：水泳、体操、そろばん、ピアノ、書道、塾
Zさん：英語、水泳、ピアノ、バレエ、公文、塾

ある学生は、次のように書いている。「母親が自分の興味を細かく観察し、小学校卒業までに英会話、習字、エレクトーン、絵画、空手を習わせてもらい、実用的技能から芸術センスまで培うことができた」。

もちろん時代の違いはあるものの、筆者は習い事と言えば辛うじて小学校高学年の時にそろばんを習っただけで、塾や予備校などにも通った経験はない。それに比べると、現代の阪大生たちは、押し並べて本当に多忙な子ども時代を送ったに違いない。右に挙げた学生たちは、そうした状況にうまく適応した学生であり、数的にはマジョリティーを占めると言える。しかしながら、当然のごとく、阪大生のなかにも大きな不満や不安をかかえながら子ども時代を送った学生が存在している。葛藤型とも言えるそうしたタイプの学生のなかから、2つの事例を挙げてみたい。

③ 葛藤型（Cくんの事例）

大阪で生まれ、5歳までそこで暮らした。5歳から10歳ごろまでは千葉県、そこから18歳までは東京の区部で暮らした。両親はともに大卒、中堅レベルの大学であった。

教育方針は最低限の言いつけを守ればやりたいことを好きにやらせてくれていた。しかし、幼稚園の頃から母親に毎日の勉強（小学校受験対策のプリント）をやらされ、それを終えないと遊ばせてくれなかった。どうやら当時住んでいた場所の近くにあった国立大学附属の小学校に入れたかったらしい。従兄が小学校を受験し、合格していたことに影響されたものと思われる。やる気はなく、いやいややっていた。関東に引っ越すことになり、この話はなくなった。習い事も自分がやりたいと言ったことをやらせてくれていたが、母に言われて英会話教室と、父に言われて水泳教室には強制的に通わされた。また小学校に上がってからは進研ゼミの通信教育を受けさせられた。小学3年生の終わりまで続けさせられた。

東京の小学校にいたころは塾に通っていない子の方がむしろ珍しいくらいだった。結局小学校6年生の時のクラスでは、クラスの8割が受験していた。自分もそんな風潮に流されて自ら両親に頼んで塾に通い、地元の中学に通いたくないという思いから自ら中学校受験をした。とくに思い入れがあったわけでも、親に言われたわけでもなかったので割と気楽であったし、勉強も苦手な方ではなかったので受験はほとんど苦労しなかった。中学は私立の中高一貫校に通い、高校もエスカレーターで進んだ。

自分の経験を振り返っても、ペアレントクラシーは保護者による見栄の側面が強いと思われる。より教育に力と金を注ぎ、いかに有名な学校に子を通わせることができるかということで、子どもをつかってマウントを取りあっているというわけである。そこでは子どもの意思は尊重されないが、親も子どもの将来のためという大義名分を持っている。しかし自分がそうであったように、子にやらせているのではやる気が出ない。たまたま受かってしまったとしても、進学後に差が如実に表れる。進学校で最上位層と最下位層で学力に大きな差があるということは珍しくない。

④　葛藤型（Dさんの事例）

私の父は、有名企業の会社員です。大阪の都会で育ち、比較的学力の高い高校・大学を卒業しています。私の母は、田舎の地域で育ち、教員免許を取るために大阪の短大を卒業しています。そして小学校の教師として働いています。祖父は大学に通っていました。祖父の兄弟も東京の有名な私立大学に通っていました。

私の家庭は、教育熱心でした。母が学校のブランドに価値があると考えていたので、地元の名門公立高校に合格できるように小学4年生のときから塾に通いはじめました。塾でもその高校に入学するために常にレベルが一番高いクラスで勉強していました。両親の考えでは、学力が高く、良い大学に行くと、将来困ることがないということだと思いますが、有名な高校、大学に入学することが目的となってしまったので、その後どのように過ごしていけば良いのかは正直今も分かっていません。また成績が悪いと母に怒られるので、一生懸命に勉強していたのですが、他の友達のことは褒めるのに、私のことは褒めてくれないことが多く、高校や大学に落ちると家から追い出されるかもしれないと不安に思っていました。私の姉妹が全員同じ気持ちだったので、姉妹で助け合ったり、団結したりすることが多くなりました（笑）。

高校に入学してからは、同じくらいレベルの高い生徒が多く、成績が思うように上がらないので、勉強に対してやる気をなくしてしまいました。そのため、高校3年生のときの大学受験に学力が間に合いませんでした。しかし、有名な大学に入らないとその高校に入学したのにもったいないという考えや良い大学に入らないと就活が大変そうだという考えがあったので、浪人という選択をしました。浪人の一年間で学力をあげて、阪大に入学することができました。

受験に関して思ったことは、受験するのにふさわしい環境が必要だということです。私の地域では学力が高い人が多かったり、また塾でもレベルの一番高いクラスで勉強したり、高校や予備校でも同じレベルの大学を目指している人が多かったりなど、環境が整っているなと思いました。それは私自身が努力したというか、親の経済や教育力があってこそだと痛感しました。

まずはCくんの事例である。第二段落は、「させられた」のオンパレードである。「小学校受験対策のプリント」「英会話教室」「水泳教室」「通信教育」。「やる気はなく、いやいややっていた」という。東京で通った小学校では、8割が中学受験をするような状況であり、その流れのなかで彼も中高一貫の私学に入り、阪大生となった。子どもの頃の無理矢理「させられた」経験をふまえ、彼は「ペアレントクラシーは保護者による見栄の側面が強い」と断言する。そして、「子どもをつかってマウントを取りあっている」というきわめてきびしい言葉で、その現状を批判している。

それに対して、Dさんの事例では、よい高校や大学に行き親の期待に応えなければならないことにまつわる強い不安が語られている。「高校や大学に落ちると家から追い出されるかもしれない」と感じていたという。そのプレッシャーは、姉妹に共通するものであった。有名な高校、大学に入学することが目的であったため、「どのように過ごしていけば良いのかは正直今も分かっていません」と、彼女は告白する。別の学生は、「通うべき学校や進路、人生設計に至るまで、自分の両親のそれが自分にとってのあるべき形、当たり前であった」と書いた。親の強すぎる願望は、子どもをがんじがらめにする場合がある。ペアレントクラシーの影の部分と言ってよい。

本節を締めくくるにあたって、右記のような典型的なパターンにあてはまらない事例を2つ挙げておきたい。一つは、母子家庭出身の学生、今一つは障害のある学生の事例である。

⑤ ユニーク事例（Eくんの事例）

四国の田舎で、母子家庭で育ってきた。経済的に決して裕福な家庭ではなかったが、祖父母、母ともにそれなりの収入はあったし、父からの仕送りもあったため、生活に困窮することはなかった。大学に入るまでバイトをしようと思ったことは一度もなかった。また、小中までは一切塾などには行っていなかったが、高校在学中は、年10万程度の通学定期と30万程度の塾代を出してくれた。

家に絵本以外の本はほとんどなく、ピアノなどの楽器も置いていなかったため、恵まれてはいなかった。ゲームも漫画もなかったので友達を家に招きづらかった記憶がある。美術館や博物館には行ったことがなかったが、図書館にはよく連れて行ってくれた。また、家族旅行も一年に1回程度していた。生活面では、毎朝ご飯を作ってくれて、夜ご飯は家族全員で食べる習慣があったため、規則的な生活リズムであったし、家族内での会話も多かったため、とても良い環境だったなと振り返って思う。

親の教育的願望は強くなかったと思う。祖母は中卒、祖父は高卒、母は地方の私立大学卒であるため、地域性とあいまって、大学に行くことが当たり前の環境ではなかったと思う。実際、高校に入るまで、大学進学を意識したことはなかった。もちろん親は、「大学に行って欲しいな」とは思っていただろうが口に出したことは一度もなかったし、そのための積極的な選択（塾に通わせる、中学受験させるなど）をしたこともない。実際家庭内でも、親に「勉強しなさい」と言われたことはほとんどないし、テストの点数が悪くても怒られたことはなかった。

育ったのは田舎だったので、まわりに小学校受験や中学校受験をする友達は皆無で、当たり前のように地元の中学校に通った。勉強は嫌いではなかったし得意だったので、高校は県庁所在地にある進学校に進むことができたが、同級生で同じ高校に行った友達はいなかった。高校に入学してすぐに、まわりの英検取得率が高かったり、初めての先生との面談で志望校を聞かれたりして、ギャップを強く感じたことを今でも覚えている。大学受験は、まわりの影響もあり一年生のころから少しずつ勉強したことで、阪大に入学することが出来た。学力が高くなった要因は、教育的願望がなかったからこそ放任で、結果勉強が嫌いにならなかったことと、母子家庭ではあるものの家庭環境が良好だったこと、そして大学進学の際に通学のお金や通塾のお金を出してくれたことにあると感じる。

Eくんは、両親が揃っていない家庭で育ったという意味においては、1・2節でみた若者たちと共通点を有している。しかし異なるのは、母子家庭であることをハンディとさせない周り（特に祖父母）のサポートがあったということであり、それを彼は「家庭環境が良好だった」と表現している。ただ彼の言葉のなかには、「経済的に決して裕福な家庭ではなかった」「年10万程度の通学定期と30万程度の塾代を出してくれた」といった、他の学生の文章のなかにはほとんど出てこない、経済的側面への言及が見られる。

次に紹介するFさんには聴覚障害があり、大学ではノートテイクの支援を受けながら授業に参加している。彼女の両親は大阪出身で、父親は大卒、母親は高卒（大学中退）。彼女を除く家族や親戚はいずれも障害を持っていない。

⑥ ユニーク事例（Fさんの事例）

教育方針としては、基本的に、やりたいことをさせてくれた。読みたい本を何でも買ってくれたり、当時珍しかった字幕機能付きのテレビやパソコンを買ってくれたりした（「アンパンマン」や「おかあさんといっしょ」などを字幕付きで見ていた）。また、幼少期より、山や海などの自然に触れる機会、博物館や科学館に行く機会、モノを作る体験など、様々な機会・体験を設けてくれた。これには、私が聴覚障害者であることが関わっている。耳が聞こえない以上、健常児よりも情報を得る機会に乏しいことを踏まえて、意識的にいろいろな体験をさせてくれたようだ。母は、今でも「その辺のことにお金はまったく惜しまなかった」と話すことがある。

習い事に関して、小1～4：習字、小3～5：絵画教室、小5～6：スイミング、小5～浪人時代：個別指導塾（ずっと同じ場所に通っていた）、中2～3：高校受験用集団塾、というような経歴だ。個別指導塾では、当時の塾長や講師の方が懸命にコミュニケーション方法を模索したり、たまたま手話のできる講師の方についてもらったりと、とてもよくしていただいた。かなり費用が高く、両親としては続けさせるか悩む時期も多かったそうだが、聞こえない私と真面目に向き合ってくれる学校以外の場があるということを重視して続けさせてくれた。

学校について、早期教育から中学部まで特別支援学校に在籍していた。中学部卒業後は大阪府立のある進学校にすすみ、一年浪人した末に大阪大学へ入学した。

高校受験では、通っていた集団塾が自習メインだったこともあり、障害に起因した苦労もなく順調に成績が伸び、当初の目標よりも高いレベルの高校に成績上位で入学することができた。しかし、高校では画一的な配慮というものが皆無に等しく、個々の先生方の「親切さ」に頼ったサポートしか受けられなかった。具体的に述べると、画一的な配慮としては、「最前列の席を確保」「提供可能な授業資料は個別提供」という程度でしかなく、あとは各教科の先生方の努力と工夫、それに私の要請次第であった。そのため、頑張って配慮をしようとしてくださった先生の教科の成績がよく、逆にあまり関心のない先生の教科の成績はいつも赤点ギリギリだった。先生や生徒たちが何を言っているかということすら分からない中で日々を過ごすのは苦痛に等しく、とても辛い3年間であった。高校3年の後期半年間は学校に行けず、そのため、卒業することも諦めて高認を受けていた（最後の最後で、校長先生の計らいによって卒業させてもらえた）。今から思うと、高校は、両親や私を理解する人たちからのサポートが届かない場所であり、それと同時に、まだ自分自身で満足に合理的配慮について主張する権利が無かったため、宙ぶらりん状態の3年間だった。結局、現役では合格できず、1年間浪人した末に今の学部に入学した。

彼女にとって大きかったのは、やはり周囲の人々の確かなサポートである。両親は「基本的に、やりたいことをさせてくれた」。母親は今でも、「その辺のことにお金はまったく惜しまなかった」と話すようだ。個別指導塾でのサポートも、彼女にとっては大きな意味を持つものだっただろう。その背景にも、「聞こえない私と真面目に向き合ってくれる学校以外の場があるということを重視して続けさせてくれた」両親の存在がある。

それに対して、高校時代は、彼女にとって「宙ぶらりんの状態の3年間」であった。すなわち彼女にとっての高校は、「両親や私を理解する人たちからのサポートが届かない場所」であり、彼女は卒業をいったんは諦めることになる。彼女が進学した高校は、府内でも有数の進学校の1つであり、彼女の障害は「認知」されてはいたものの、具体的な配慮や支援は個々の教員の努力にゆだねられていた。「先生や生徒たちが何を言っているかということすら分からない中で日々を過ごす」苦痛、想像するにあまりある辛さであろう。校長先生の取り計らいもあり、彼女は何とか踏みとどまることができ、そして一年の浪人生活の末、現在大阪大学で学んでいる。

4　ペアレントクラシーをどう見るか

肯定派の意見

ここで紹介できたエピソードは、全体のなかのほんの一部に過ぎない。当たり前のことながら、それぞれの学生には、それぞれの家族の物語があり、受験の物語がある。

本節で考えてみたいのは、当事者としての彼らが、自らの経験をふまえて、「ペアレントクラシー」というものをどのように評価しているかという問題である。

まずは、「肯定派」の意見から見てみることにしよう。

Gくんは、自らの経験を次のように位置づけている。

私自身のペアレントクラシー的体験としては、片親世帯で育った父親がメリトクラシーの中で獲得した経済的安定を元手として、祖母や母親による選択の強要が行われたと説明できるだろう。しかし、今振り返ってみれば、保護者による選択の押し付けは小中学生の視野の狭い自分には必要だったのかもしれないと思うのである。ゆえに義務教育段階では保護者の自由や選択が重視されることは全て否定されるべきではないと考える。

「父親が獲得した経済的安定と祖母や母親による選択の強要」によって今の自分があると、彼は把握している。「親の富＋親の願望」というペアレントクラシーの公式を地で行くような捉え方である。「強要」という否定的な言葉を用いているものの、その「保護者による選択の押し付け」は、「小中学生の視野の狭い自分には必要だった」と積極的に位置づけている。

次は、Hさんの評価である。

私は小学校時には、興味の方向が周りの児童とは合わず、そのため話も合わず、一緒に楽しく遊ぶことはなかった。しかし家に経済力があったため、学校外での活動（読書や進学塾を中心とした勉強）に打ち込むことができ、小学校になじめない苦痛に正面から向き合わずに済んだ。おそらく親も私のこの特性に気づき、似たような性質をもつ子どもが集まる中高一貫私立校への受験を奨めたのだと思う。より多様性のある公立の学校に通うこととの意義はもちろん理解できる。しかしそこの風土になじむことができなかったときに、その子に第二第三の選択肢を提示できるのは、現状親しかいない。教師をはじめとする学校側が子どもに理解を示せるケースばかりではないからである。その点では、学校や子どもの学習環境選びに保護者の選択は重視されるべきであると思う。

彼女は、公立小学校の風土になじむことができなかった学生である。中高一貫私立校に進学して、彼女は救われたようである。その経験から、「学校や子どもの学習環境選びに保護者の選択は重視されるべきである」という意見を有している。このようにほぼ無条件に「親の選択」をポジティブに評価する学生はそれほど多くはなかったが、一定数は存在していた。

肯定派の最後として、ユニークな見解を披露してくれたIくんの事例を挙げておこう。

私は、親にとやかく言われず、全くレールのないところを歩んで阪大に入った。しかし、勉強しようと思えば勉強できる環境は十二分にあった。私が「子」としての立場では、このようなやり方をしてもらって非常にありがたかったと言える。しかし、私が「親」になった立場を考えると、正直なところいい大学に入っておけばある程度有利なことを、就活等を通じて感じているため、そうなってほしいなと思ってしまう。ペアレントクラシー自体はある程度仕方ないと思う。ただ、子供の目線で「縛られている」という気持ちにならないような程度に抑える必要がある。全くの放任でもよくないし、縛りすぎてもよくない。縛られているとは感じず、自分の意志で様々取り組んでいると自覚しているが、実質的にはコントロールされた教育を受けている、このような状況が親子にとって一番いいのではと思う。課題の解決は親子にゆだねられることにはなるが、子供にやってほしいことを、楽しいと思わせて食いつかせるようなやり方、技術を身につけることが必要と思う。

彼は、両親の子育てについて、「非常にありがたかった」と感謝の言葉を述べ、「ペアレントクラシー自体はある程度仕方ない」と言う。そのうえで、「縛られているとは感じないが、実質的にはコントロールされた教育・子育て」が重要だとし、「楽しいと思わせて食いつかせるようなやり方、技術を身につけることが必要」だと指摘している。

アンビバレント派の意見

続いて、「アンビバレント派」とでも名づけることができる学生たちの意見を見てみよう。ペアレントクラシーには一理あるが、問題も同時にあるという意見をもつ者たちである。

最初に登場するのはJさんである。

今までの私の人生を振り返ると、ペアレントクラシーは防ぐのがなかなか難しいと思いました。なぜなら幼稚園や小学校を決めるのは親ですが、そこである程度の基礎的な知識や自分の馴染みやすい環境は決まってくると思うからです。私自身も幼稚園が勉学にも力を入れていたことや小学生の塾での経験が「勉強をするのは当たり前」「満点を目指すものだ」という考えを生み出したと感じます。そして、身の回りの教育への空気感によって教育への意識も変わってきてしまいます。しかし、どの側面でも「自由」を求める世界の流行の中では親の自由選択が重要視されていくことは当然の流れで、その流れを止めることは難しいです。ただ、学校を選択している親が重要視しているのは学力のみだと感じます。その要因として、学歴社会であることとその根底にある学校教育＝学業のみという考えが根付いてしまっていることがあると思います。この考えにより、いわゆる意識が高い親は大学進学実績の高い学校を選択し、大学や勉学に対してあまり興味を示さない、あるいは示す余裕がない家庭は学校選択にも意識を向けなくなっているのではないでしょうか。

このJさんの意見は、ペアレントクラシーの問題状況を的確に表現したものだと言える。親が用意した環境によって子ども時代に「勉強をするのは当たり前」という感覚が得られること、しかし、結局のところ親が重視するのは「学力のみ」であること、そして、親の意識の高さ・低さが教育姿勢の違いを生み出すこと。

次にあげるKくんは、ペアレントクラシーの本場東京の生まれ育ちであるが、彼は自分の置かれた位置を冷静に捉えている。

ペアレントクラシーの恩恵を受けてきた自分からすると、ペアレントクラシーの実態は事実であり、また、私でさえも、私立の中で見れば、ペアレントクラシーの中でも低位に位置すると自覚している。これは、私学に通う生徒の両親の〝財〟がいかに大きいかを身をもって感じているからである。そして、私学に通っていた生徒が日本のリーダーとなり、公立の実態を知らないまま日本を指揮し、ペアレントクラシーが一層進んでいくのではないかと考える（現在の首相である岸田氏も千代田区のブランド公立中出身であり、開成高校を卒業している）。

「上には上がいる」のであり、自分は「低位に位置する」と彼は言う。ペアレントクラシーの背景には社会的な序列や格差があり、ペアレントクラシーのメカニズムを通じて、それは拡大再生産されていく。わかってはいるけれど逃れられない、という現実がそこにある。

アンビバレント組の最後として、Lさんの意見を挙げておこう。

世間には、親の意向で小さな時から塾通いで受験をする幼稚園生、小学生が存在し、親が恣意的に子供の幸せを規定し、そのレールを作っていることが、良しとされる風潮がある。ただし、私はその選択肢を多くしているつもりの行動が、結果的に選択肢を狭めているかもしれない可能性を考慮に入れるべきだと思う。なぜなら、私自身が大手企業に魅力を全く感じないのにもかかわらず、親や周囲がそこへ入ることを望んでいるという期待を背負ってしまい、逆学歴コンプレックスに悩まされているからだ。レールを敷きすぎた結果、そのレール以外の選択肢を子どもが欲しがるときに、親と子の軋轢（あつれき）が生まれたり、子どものためと信じていたレールを親が簡単には手放せず、本来願っていた子ども自身の選択を尊重する姿勢が欠けるというのは、テレビドラマでもよくある展開だ。行き過ぎたペアレントクラシーは、やはり子どものためと銘打った親の自己満足になる危険性をはらんでいると思う。

彼女は、「逆学歴コンプレックス」という印象深い表現を使っている。自分自身は全く魅力を感じないのに、親や周囲が大手企業に入ることを望んでいるため板ばさみ状態となっている。ペアレントクラシーは、「子どものためと銘打った親の自己満足になる危険性をはらんでいる」と、彼女は指摘する。

懐疑派の意見

その先に来るのが、次のMさんの事例である。彼女の意見は、ペアレントクラシーを否定的に見る「懐疑派」を代表するものである。

私の地元にはペアレントクラシーを積極的に利用しようとする保護者が多かった。進学塾も数が多く、教育熱心な保護者たちからの支持を得ようと激しい競争を繰り広げている。そのような風潮の中で、「実家から通える国公立へ行ってほしい」という両親の願いが、兄にも私にも負担になる部分は少なくなかった。そして、保護者のこだわりがもっと強かった場合は子どもにとってより大きな負担や枷(かせ)になってしまうことを想像すると、残酷だと感じる。ペアレントクラシーは格差を生むという点でも課題を抱えているが、子どもの進路に関する決定権が親に握られすぎているという問題もあると考える。親が子に理想の進路を押し付け、子が操り人形のようになってしまったり、私の兄のようにプレッシャーに耐えきれずドロップアウトしてしまったりといった事例は身近にみてきた。子ども自身の権利・意識によって進路が選択できるようにするのは難しいことかもしれないが、「こうするべきだ」と言うのではなく一度子ども自身がどう考えるのかに耳を傾けられる大人の存在が必要になると考える。

Mさんは、ペアレントクラシーを地で行くような家庭が多い地域で育ったが、国公立大学に入ってくれという親の願いが負担になったという。「保護者のこだわりがもっと強く」なると、「大きな負担や枷」になってしまい「残酷だ」と感じる。身近なところにいるお兄さんは、その「プレッシャーに耐えきれずドロップアウトしてしまった」そうである。そのしわ寄せが子どもに来てしまうからペアレントクラシーに対し疑義がある、という彼女の主張を否定することはむずかしい。

本節を締めくくるにあたって、筆者の授業の中身にも言及してくれているNさんの見方を紹介しておこう。

私は今まで自分のことをそこまで恵まれた環境ではないと思っていた。というのも、自分の周りの友達（特に高校、大学）も同じくらいか自分以上の社会経済的背景を持っていたからである。しかし、大学入学後、子供の貧困や外国にルーツを持つ家庭、そのような分かりやすく援助が必要な状態ではないものの教育に割く資源が乏しい家庭について知り、ペアレントクラシーの問題には「家庭環境の問題が家の中に閉じ込められ、その中で育った者はそれを当たり前と思って生きる」ことが含まれていると考えた。ペアレントクラシーの結果として生まれる格差はペアレントクラシーが原因の問題として顕在化しにくく、社会の基盤を作る人々の層はペアレントクラシーで大概苦労したことがない。気づかれないままその実態は継続してしまう。

「その中で育った者はそれを当たり前と思って生きる」、まさにその通りである。多くの阪大生の「豊かな、安定した家庭環境」は、本章の前半で見た子どもたちには別世界である。逆に、「しんどい家庭」で生まれ育った彼らの経験は、大部分の阪大生にとっては視野の外にある。Ｎさんの言うように、そうした「格差」は、ペアレントクラシーの結果としてあるわけだが、新たな現実を生み出す原因ともなる。「社会の基盤を作る人々の層はペアレントクラシーで大概苦労したことがない。気づかれないままその実態は継続してしまう」とする彼女の指摘は正鵠(せいこく)を得たものである。

「追い詰められる」だけの受動的存在ではない

本章では、「ペアレントクラシーの上昇気流」という言葉を使った。上昇気流とは、何らかの原因によって大気が上昇する流れのことである。ペアレントクラシーが原因となり、温められて上昇していこうとする子どもたちが存在する。その代表が、３・４節で見た阪大生たちである。首尾よく社会の上層にのぼっていく者もいれば、そうならない者もいる。

他方で、そのような周囲からの「温め」を経験することなく、社会に出て行く子どもたちがいる。1・2節において、そうした境遇のもとに生まれ育った何人かの子どもたちの姿を紹介した。彼らは自分たちの身の回りのローカルな世界（＝地元）でタフに自らの生活を切り拓いていこうとする。

高い学力・学歴を志向する子どもたちを生み出すこの「温め」のことを、教育社会学では「加熱」（＝ウォーミングアップ）、逆に、その熱を冷ましていくことを「冷却」（＝クーリングアウト）という。以前の教育社会学では、日本の子どもたちは全員がうまく加熱され、そして、学校システムのなかでそれぞれが適切に冷却されていくという側面を強調する議論が主流であった（志水・徳田編 1991、竹内 1995）。しかし、今日ではその様相は劇的に変化しているように筆者には思われる。すなわち、ペアレントクラシーの進行のもとで、加熱される者（そのなかには過度に加熱される者もかなり存在する）とそもそも加熱されない者（したがって、冷却の必要もない者）との二極分化が顕著になってきているのである。

タイトルに掲げた「追い詰められる子どもたち」という言い方は、教育の問題点を指摘する際にマスメディア等がよく用いるものである。本章で展開した内容をもとに、これについて2つのコメントを行い、本章を終えることとしたい。

一つ目は、「誰が追い詰めるのか」についてである。

教育社会学的に言うなら、追い詰めるものは、学校システムや社会全体のあり方ということになるのだが、一人ひとりの子どもを具体的に追い詰めるのは、その子たちの家庭環境ということになる。子どもたちの言葉に耳を傾けると、そういう結論に到達せざるを得ない。要するに、ペアレントクラシーの社会においては、家庭のあり方がこれまで以上に問われる状況となっているのである。

二つ目は、「本当に追い詰められているのか」という点にかかわってである。

もちろん、虐待や受験競争のただなかにいる子どもたちは、肉体的・精神的に追い詰められている状態にあることは間違いない。ただ、自分自身の経験を語る子どもたち（本章においては、中学生年代以上の子ども・若者であったが）は、冷静に現実を受け止め、それに対してできるかぎり主体的に対応しようとしている。つまり、彼らは「追い詰められる」だけの受動的存在ではないということである。当たり前といえば、当たり前の結論である。

〈注〉

① ２０２２年２月13日における志田と筆者との私的なやりとりから。

② 著者の知念は沖縄出身である。

③ この最終レポートの作成にあたっては、以下の４つのものを中身に含めるようにという指示を出した。⑴家庭背景（どのような地域に生まれ育ったか。両親や祖父母のバックグラウンド・学歴）、⑵家庭教育（どのような子育て・教育を受けてきたか。教育の方針、習い事・塾通いの状況）、⑶学校教育（小中高とどのようなルートをたどって阪大に入ったか。受験をめぐって苦労したこと・工夫したこと）、⑷ペアレントクラシー（実態、保護者の自由・選択が重視されるべきという考え方についてどう思うか。その課題を克服するためのアイディア）。また、このレポートの中身が、匿名性を保った上でこの本に紹介される可能性があることを周知した。

第3章

不安のなかの親

1　分化する親のスタンス

加熱される層とそうではない層

前章では、まず子どもの視点から、ペアレントクラシーの内実を検討した。「追い詰められる子ども」というイメージの虚と実の一端を、そこでは明らかにすることができたのではないかと思う。本章では次に、親の視点から見たペアレントクラシーの現実に迫ってみたい。一般に流布しているイメージは、タイトルに挙げた「不安のなかの親」というものである。すなわち、子育て・教育に関する親、とりわけ母親の不安が、ペアレントクラシーの進行に拍車をかけているという見方である。

この見方には一理ある。高度経済成長のもとでの地域社会の解体・教育力の低下が言われはじめたのは、すでに今から50年ほど前のことになる。さらに核家族化の進行によって、伝統的な子育ての継承が難しくなり、母親が困ったときにすぐ相談できる身近な人がいないという状況が常態化してきた。今世紀に入るころからは家族自体のあり方の多様化が顕著になりはじめ、親・保護者にとっては、何を求めて、どのように子育てをしていけばよいかの確たる指針を見出せないという苦境が広がりを見せている。

しかし、その苦境およびそれに由来する親の不安が、社会全体に一様に広がっていると見るのは正確ではない。前章で、加熱と冷却という用語を使った。すでに述べたように、かつての日本社会では、全体が加熱され、それぞれの部分がうまく冷却されるという絶妙なメカニズムが存在しているとされてきた。しかし今日では、すでに指摘しているように、加熱される層とそうではない層への分化傾向が顕著である。

前著（2021）において筆者は、教育に対するスタンスをめぐって、今の日本には4つのグループが存在すると述べた（同29-32頁）。その4タイプは以下である。

①　教育を操る人
②　教育を選ぶ人
③　教育を受ける人
④　教育を受けられない人

①は自ら（の家族）のメリットを最大化するために、国内外の教育システムをきわめて

戦略的に活用しようとする人々のことである。高学歴・高収入のグローバルエリート層を思い浮かべていただければよいだろう。②は、大都市圏や地方の主要都市に主に居住し、子どもにとって最適と思われる教育を選び取ろうとする人々である。いわゆる「教育に熱心」な人々であり、前章で見た阪大生の親はほぼこの層に入ると思われる。③は、数的には4つのグループのうちのマジョリティーを構成すると考えられる。地元の学校を「ふつうに」選択し、学校や地元塾の教師の意見にしたがって子どもの進路を決めていこうとする人たちである。そして④は、さまざまな理由・事情から、義務教育をはじめとする学校システムのメリットを十分に享受できない人々のことである。その理由とは、貧困・外国籍・障害・家族の問題等いろいろなものがありうる。

先に述べた加熱される層とは①+②+③のことであり、加熱されない層とは④のことを指す。本章では、加熱される層のうちの主として①+②の部分(=教育熱心な層)に注目し、ペアレントクラシーの実態と課題について掘り下げて考えてみることにしたい。なぜならば、彼らこそがペアレントクラシーの主役と呼べる人たちだからである。

以下、2節では、教育熱心な層が駆使する教育戦略の様相を、「お受験」(小学校受験)と塾・習い事、そして中学校受験に絞って検討してみたい。続く3節では、話を経済面に限定し、高騰する教育費の問題について考える。本章後半では、親のスタンスに関するいくつかの議論について検討を加える。まず4節では、子育て・教育に関する欧米の教育社会学的研究についての成果を紹介する。そして5節では、それを受けて日本でどのような研究が進められているかを見る。

2　教育熱心な層の戦略

お受験の実態

「教育戦略」という言葉がある。フランスの社会学者P．ブルデューが生み出した言葉で、各集団・各家庭が自らを再生産するために駆使する戦略のなかで、教育にかかわるものが教育戦略である（ブルデュー・パスロン　1991）。どのような方針のもとに子育てするか、よい教育を受けるためにどこに居住するか、学校外教育機関をどのように利用するか、どのような学校選びをするかなどが、その中身となる。

まずは、「お受験」について見てみるが、その前にふれておかねばならないのが、いわゆる幼児教室と呼ばれる存在である（志水　2021、3章）。筆者がある時訪問した幼児教室は、ある出版社とある子ども服メーカーのコラボによって20年ほど前に誕生した教室で、キャッチフレーズは「『がんばる脳』と『まるい心』を育てる」というもの。一歳児から通うことができ、母親とペアで1コマ60分の授業を受ける。多くの教室は百貨店内に設置されており、「特別感」を漂わせている。この教室はもともと「お受験」には直接つながらないものであったが、子どもを通わせる母親たちの働きかけから、「受験クラス」を設けるようになったという。

今日では、「お受験」専門の幼児教室が、首都圏そして関西圏にはかなりの数存在している。筆者が居住する大阪府北部には、幼児教室の草分けとして約60年前に設立された、家族経営による教室もあれば、子どもたちのパフォーマンスを偏差値化し、徹底した「訓練」によって受験突破を目指す予備校さながらの教室もある。

さて、その「お受験」である。日本の小学生の98％以上は公立小学校に通っているが、1・3％が私立、0・6％が国立の小学校に通っている。東京都だけで見ると、公立の数値は95％強ほどとなり、私立が4％、国立は0・6％となる（いずれも2020年度の数値。志水 同前書、91頁）。端的に言うと、日本全体では2％ほど（およそ50人に1人）、東京に限ると5％ほど（およそ20人に1人）の子どもがお受験を突破し、私立・国立の小学校に入学しているという計算になる。読者の皆さんは、この数値を多いと見るだろうか。あるいは少ないと感じるだろうか。

筆者の手元に一冊の報告書がある。お受験を対象にした研究者の草分けと言える小針（こばり）の手による、『国立・私立小学校の入学志向に関する実態調査報告書（首都圏版・速報値）』と題されたこの報告書には、お受験をめぐる首都圏の親たちの最新の姿が描き出されている。注①

この調査は、首都圏の36の幼児（受験）教室に子どもを通わせている保護者に対して郵送アンケートを依頼し、実施したものである。まず驚かされるのは、回答を寄せた645の家庭について、世帯収入「2300万円以上」である割合が25％に達しているという事実である。「1000万円以上」というくくりにすると、その比率は何と82・7％にまではねあがる。学歴を見ると、父母とも9割ほどが「大卒」以上となっており、父職では、8割ほどが「専門・技術」あるいは「管理」職となっている。また、父母の両方あるいはどちらかが国私立小学校出身である割合は3割以上となっている（同報告書、66－70頁）。

受験の理由・動機については26項目にわたる選択肢が用意されているが、「あてはまる」という回答率が高くなっているのは、「教育方針や教育活動にひかれたから」（68・6％）、「公立学校では期待できない個性的な教育を受けられるから」（63・9％）、「学校の雰囲気にひかれたから」（56・3％）、「附属や系列の学校があるため、受験や進学で苦労しないから」（40・1％）、「子どもの適性・個性に合わせてくれるから」（39・1％）といった項目である（同24－32頁）。

また、子どもの教育に対する方針や考え方について聞いている設問があるが、そこで最も特徴的なのは、「できるだけ高い教育を受けさせたい」と考える親が圧倒的に多い（「そう思う」と答えた割合が98・6％）ということである。「子どもに多くの財産を残すのがよい」と考える割合（同54・9％）、「親と同じ職業に就かせたい」と考える割合（15・9％）と比べると、その割合はきわめて高くなっている。他方で、「育児にストレスや不安を抱えている」という問いに対する肯定率は44・1％と過半数に達していない。この数字を見るかぎり、お受験を考える富裕層の子育て不安はそれほど高い水準にはないと言えるのかもしれない（同55－58頁）。

塾や習い事の現状

次に、塾や習い事について、現状を簡単に整理しておこう。阪大生の状況に関しては、前章でふれた通りである。ひとことで言えば、彼らは大変忙しい子ども時代を送ったようである。また、それ相応の費用もかかったことであろう。塾や習い事は私教育と呼ばれる。対になるのは公教育。国の経費でまかなう学校教育システムのことである。ここで注意していただきたいのは、私立学校も公教育の一部であり、私教育とは別物だということである。私教育とは、各家庭がプライベートにお金を出して利用する教育であり、公費支出が及ばない領域にある。「学校外教育活動」といった言い方をする場合もある。日本は、先進諸国のなかでもとりわけ私教育が発達した国だと見ることができる。日本は、国家支出における教育支出の割合が少ない国の一つと言える（中澤 2014）が、それは、教育は基本的に家庭が責任をもつ事柄だという常識が根強かったからだろう。その常識がもはや通用しがたい現状が、現代日本にはある。

ベネッセが数年前に実施した調査から、学校外教育活動の実態について簡単に見ておくことにしよう。[注②] 本データによると、ひと月あたりの学校外教育活動に要する平均の費用は、幼児6500円、小学生15300円、中学生22200円、高校生16900円となっている。中学生が最も高くなっている（とりわけ中3では25900円）のは、塾などの学習にかかわる費用がかさむからである。この調査では、「スポーツ」「芸術」「家庭学習」「教室学習」の4つのカテゴリーに分けているが、たとえば小4では、スポーツ（スイミング・サッカー・体操など）には68・4％、芸術（楽器・絵画・音楽教室など）では31・9％、家庭学習（市販の問題集・通信教育など）では60・3％、教室学習（塾・英語教室・習字など）

では52・6％の子どもがそれらの活動を行っているという結果となっている（ベネッセ教育総合研究所 2017）。

押し並べて高い数値となっているが、この実態にはどのような社会経済的格差が隠されているのだろうか。それに関して、話はスポーツに限定されているが、最近『子どものスポーツ格差』（2021）というそのものズバリのタイトルを持つ本が出版された。この本では、学力格差の様相を明らかにしようとしてきた著者らの問題意識や分析枠組みを参照しながら、豊富なデータにもとづいて子どもたちの「体力二極化」という現象についての分析・考察が行われている。

結論は、以下のようなものである。すなわち、「家庭背景によって運動・スポーツ習慣の格差（機会不平等）と体力・運動能力の格差（結果の不平等）がともに生じて」おり、「とりわけ子どもへのスポーツ投資の有無がもたらす体力格差は、幼児期から見られるとともに、その格差は学年進行とともに積み重なって中学校期に至るまで著しく拡大して」いく（同書、124頁）というのである。これを著者らは、「スポーツ版ペアレントクラシー」と呼ぶ。

「天王山」の中学受験

最後は、中学受験というテーマである。中学受験は、ペアレントクラシーをめぐるたたかいの、いわば天王山である。志望校に合格できるかどうかで、その子どもの将来が大きく変わってくる、と親たちの多くは信じている。統計を見ると、全国にいる300万人ほどの中学生のうち、91・6%が公立中に、7・5%が私立中に、残りの0・9%が国立大附属中に通っている。ざっくり言うなら、1割弱の子どもが受験にパスして私立ないし国立の中学校に通っているということである。ただ、これも地域差が大きい。東京都では私立中学の割合は25%に達する。それに次いで、高知・京都・奈良・神奈川では10%台となっている（いずれも2020年度の数値。〈志水 2021、78-79頁〉）。

コロナ禍によって、受験戦線にも変化が生じているようである。関西地方のある塾関係者によると、コロナ禍で景気が悪化して受験生が減るかなと予想していたところ、逆に受験生は増えているという。コロナ禍の初期から私学には手際よくオンライン授業を導入するところが多かったが、公立中学ではそれどころではなく、後手に回らざるを得なかったという状況がある。保護者たちの学力サポート面に対する不安感が私学受験率を押し上げているのではないか、とその塾関係者は推測している。

東京在住の、筆者の知人の女性研究者の娘さんがちょうど中学受験を終えたところだったので、母としての体験を語ってもらった。[注③] その概要をここで紹介しておこう。昨今の受験事情がよくわかると思う。

彼女は中部地方の出身、パートナーも大学院修了者、2人とも、もともとは公立志向が強かったが、ある出来事が彼女の娘さんの運命を決めたようである。

「大学時代の友人とランチをしたときに、『だまされたと思って中学受験をした方がいいよ』って言われて。高校進学のときに内申がすごく大変とか、とくに女子の場合、都立進学校のすべり止めになる高校があまりないから、本当に大変だよ、という話をしてくれて。で、よく言われるように、小3の2月からZ塾に入りました。

最初は小学校のクラスの5〜6割は塾に行っている印象でしたけど、だんだん撤退していき、最終的に受験したのは3割ぐらいじゃないでしょうか。撤退の理由はなんとなくわかります。何しろ塾の宿題が半端ない。『しんどい』と、子どもも本人だけじゃなく、親もそう思うと思います。親がそう思うっていうのは、4〜5年生までは、自分でタイムマネジメントができないんですよ。それで大量の宿題が出てきているから。そういう中でいかにやらせるかっていう、それが親の課題としてふってきます。塾に行っていたのは、4年生では週3だったと思います。で、5年生で週4になって。6年生は週5で行っていました。塾がないのは月曜と金曜。でも、その日はひたすら宿題をこなしている、という感じでした。土曜は午後2時から夜7時まで授業。日曜は朝の8時半ぐらいからテストがあって、午後は志望校に特化した対策授業みたいな感じで。ただ、私たちの場合、娘が6年生から急にスイッチが入ったようで、自分で宿題管理をするようになりました。だから、私の仕事はプリント整理だけ。タイムマネジメントのようなことも一切していません。6年のときの方がむしろ楽になりました。

志望校は、正直なところ、東京出身ではないので、いまいちどこにすればいいのかわからない状況でした。選択肢もたくさんありますし。私たちが決めたというより、率直なところ、塾側が提案してくれた志望校にのった、という感じでした。『あなたの性格だったら、ここが合うんじゃない?』みたいに。偏差値と性格、それから得意とする問題タイプ。やたらと記述が多い学校だったり、スピードを求める学校だったりとか。あれよあれよと『御三家』と呼ばれるうちの一校であるA中が第一志望になったという感じでした」

結局娘さんの戦績は「3勝1敗」。第一志望の学校には落ちたものの、学校見学会に参加して「ここも素敵だね」と話していた私学に合格し、そこに行くことが決まった。その結果に、親子ともに満足している。ただ合格発表の一週間後には、早速大量の宿題が届いたということである。

娘さんの中学受験を終え、彼女は次のように振り返る。

「中学受験は、してよかったなと思います。自分ごととして勉強を捉えるようになったこと、タイムマネジメントも含め、12歳でその段階まで成長してくれたのは、この先にも活きてくることかなと。ただ、塾に行かないで受験ができたかというと、それはあり得ない、と思いますね。親が受験を経験したからとか、親が高学歴だから自分たちで対応できるとかいう話ではないです。内容も中学受験は少し独特ですし、なにより共働きだと勉強を見るほどの時間が取れない。それに、親子だとどうしても指導が感情的になってしまいます。塾が必要、やっぱりお金はいります。ペアレントクラシーの進行が指摘されれば、そうだろうと思います。教育研究に従事している立場として言えば、その問題性は声を大にして主張するところですが、ただ、一人の母親として、そして娘の塾の友だちの頑張りを近くで見てきた立場で言うなら、あれだけ一生懸命に頑張っている子どもたちを前に、「これは格差だ」「社会的病理なんだよ」とは言えない。あの10~12歳の頑張りに対しては、ただ「頑張ったね」とだけ言ってあげたい気もするんです。そんな体験でした。正直なところ、180度違う考えが頭に同居しているという感じがします」

彼女は筆者の同業者であり、教育の専門家である。専門家としてではなく、親としては、10~12歳時の娘さんの頑張り、そして成長をほめてあげたいという思いが伝わってくる。そして、その親子一体となった受験体験には、「塾」という伴走者が不可欠だとも指摘している。「やっぱりお金はいります」という言葉。「選択=家庭の富+親の願望」というペアレントクラシーの公式が、改めて浮かび上がる。

3　高騰する教育費

日本の教育費負担は世界最高水準

ここで、教育費という問題について改めて振り返っておくことにしたい。学校外教育活動の状況については前節で見た。しかし実はそれは、家計における教育費支出の一部を意味するにすぎない。それは私教育に支出するお金で、日本の保護者は、公教育に対してもおそらく世界最高水準のお金をつぎこむことになる。

この点に関しては、文部科学省が収集しているデータがある。『子供の学習費調査』（平成30年度）によると、子ども1人あたりの学習費（学校教育費、学校給食費、学校外活動費）の1年間の総額は、以下のようになるという。公立幼稚園22万円、私立幼稚園53万円、公立小学校32万円、私立小学校160万円、公立中学校49万円、私立中学校141万円、公立高等学校（全日制）46万円、私立高等学校（全日制）97万円。次の図表3－1は、3～18歳にかかる学習費の総計を利用学校種別にシミュレートしたものである。

図表3—1
平成30年度における幼稚園3歳から高等学校第3学年までの15年間の学習費総額

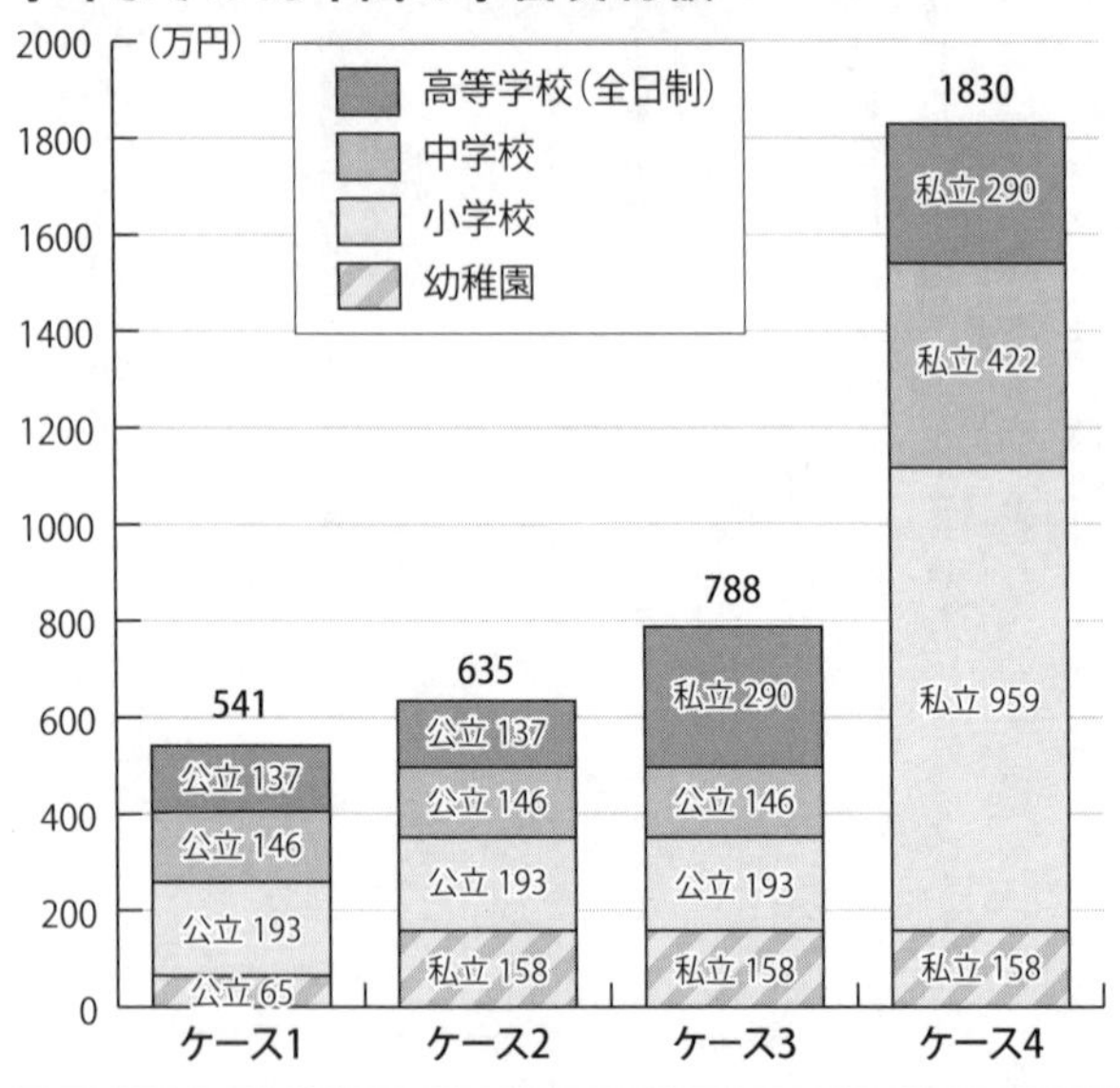

ケース1:全て公立に通った場合
ケース2:幼稚園は私立,小学校・中学校・高等学校は公立に通った場合
ケース3:幼稚園・高等学校は私立,小学校・中学校は公立に通った場合
ケース4:全て私立に通った場合

(参考)公立・私立学校に通う全幼児・児童・生徒数全体に占める公立・私立学校に通う者の割合(平成30年度)
幼稚園(公立:15.5%　私立:84.5%)小学校(公立:98.8%　私立:1.2%)中学校(公立:92.6%　私立:7.4%)高等学校(全日制)(公立:67.0%　私立:33.0%)
※高等学校(全日制)の生徒は,本科生に占める公立・私立の割合である。
(資料)文部科学省「平成30年度学校基本統計(学校基本調査報告書)」

右の図表から明らかなように、幼稚園から高校まですべて公立で通した場合は５４１万円、私立で通した場合には何と１８３０万円かかるという計算になる。それはあくまでも高校までに予想される経費であり、大学や大学院での経費はそれに上乗せされることになる。ざっくり言うなら、すべて私学を利用すると仮定した場合、大学を卒業するまでにざっと３０００万円ほどの教育費が必要となるということである。「高い！」と言わざるを得ない額であり、それを賄える層は当然ながら一部の富裕層ということになる。

経済学者 橘木（２０１７）の試算によると、すべての段階で私学に通い、そのうえ私立の医歯薬系大学に進んで「下宿」（一人暮らし）をした場合、その経費は４７００万円に達するという。天文学的とも言える金額である。ちなみにもっとも安いパターン（一貫して公立で過ごし、自宅から国立大に通うケース）でも、総経費は１０６０万円と、一千万円超えとなる（前掲書、98頁）。橘木の著作には、今ひとつ興味深いデータ（大学生協の調査によるもの）が掲載されている。それは、親元を離れて暮らす大学生への仕送り額の変化である。１９９５年には月あたり「10万円以上」が6割以上あったのに対して、その後の日本経済の停滞に伴って、その割合は２０１５年の時点では3割程度となっている。マジョリティーは「5~10万円」の層であり（4割弱）、「5万円未満」の層が増えてきている

（25%ほど）。大学生がアルバイトで学費（遊び代ではなく）を稼ぐ時代となってきているのだが、コロナ禍はそれを難しくしている。大学生受難の時代と言うことができよう（同前書、127頁）。

教育社会学者矢野（2013）が行った調査によれば、大学教育の費用負担を社会がすべきだと考えるのは少数派で、個人や家族が負担すべきと考える人が8割を占める。しかも、この回答傾向は回答者の学歴などの属性とは関連性がないというのだが、この「日本の常識」は、アメリカやヨーロッパのそれとは大きく異なるものである。そもそも教育には、公共財としての側面（みんなにとっての有用性）と私的財としての側面（個人にとっての有用性）とがあるが、日本の場合は後者が強調されがちである。現代日本においてペアレントクラシーが特に進行しやすい素地がここにある。

4　子育ての階層差に関する研究――欧米での蓄積から

「文化資本」

ここまで、現代日本の教育熱心な層の教育戦略を、いくつかの側面に分けて見てきた。子育て・教育における階層差という問題はいずれの国においても観察されるものであり、筆者が専攻する教育社会学という学問分野では、その問題に関してさまざまな理論が提出されてきた。その代表的なものを、ここでは2つにしぼって紹介しておくことにしよう。

まずは、教育戦略という語を生み出したフランスのブルデュー。「文化資本」という今一つの重要な概念を打ち出した研究者でもある（Bourdieu 1986）。彼の議論のポイントは、「各集団・各家族が自らを再生産する際に駆使する資本が3つある。それは、経済資本・文化資本・社会関係資本である」というものである。経済資本はお金・資産である。社会関係資本は、コネやネットワークといった言葉で表される人間関係が生み出す力を意味する。そして、文化資本。ブルデューによると、文化資本は3つの形態に分けて把握することができる。すなわち、①制度化された形（学歴やその他の教育資格）、②身体化された形（習慣や性向。「ハビトゥス」という独特な用語が使われる）、③客体化された形（本や楽器やアンティークなど）。こうした3種類の資本をうまく循環させながら自らを再生産しようとするのが「ミドルクラス」（中産階級）であり、そうした資本に相対的に恵まれないのが「ワーキングクラス」（労働者階級）であるというのが、ブルデューの捉え方である。

各種の資本とりわけ文化資本に恵まれた中産階級出身の子どもたちは、学校文化にうまく適応することができ、良好な教育達成をおさめることができる。それに対して、文化資本に恵まれない労働者階級の子どもたちは、学校で失敗しがちとなる。学校が暗黙に所有しているゲームのルールのようなものをわがものとすることができず、適切に振る舞うことができにくいからである。「選択＝家庭の富＋親の願望」というペアレントクラシーの公式に立ち返ると、「家庭の富」というものの内実とその働きに焦点をあてたのが、ブルデューの議論だと位置づけることができよう。

「計画された子育て」と「自然な成長」

次に紹介したいのが、アメリカのラローの研究である。今から20年ほど前に出版された主著（Ｌａｒｅａｕ ２００３）のなかで、いくつもの家庭を対象とした参与観察調査にもとづき、「計画された子育て」と「自然な成長」という、興味深い対立概念を提出している。ラローによれば、前者はミドルクラス、後者はワーキングクラスおよび貧困家庭に典型的に見られる子育てのあり方である。

まずは、「計画された子育て」について。ミドルクラスの親は子どもとの話し合いを重視する。そして、子どもの才能をできるかぎり計画的なやり方で伸ばそうとするため、父母によって計画・管理された組織的活動が子どもたちの生活の中心となる。そのプロセスにおいて、子どもたちのなかに「権利意識」とでも呼ぶべきものが育まれる。とりわけ制度的場面において、平等な立場にある者としての大人たちに問いかけ、かかわりを持とうとするようになる。ちなみに、「計画された子育て」の原語は、concerted cultivation である。cultivation とは、「耕すこと」である。「子どもの人格や資質を磨くこと」と言い換えることができる。それを concerted なやり方で行うというのである。concerted とは、「共同で」とか「協調して」とかいう意味をもつ言葉である。要するに、ミドルクラスの親は、「いろいろと考えながら、計画的な子育てに励む」というわけである。本章の前半で見た親たちの姿にきわめて類似したパターンである。

次に、それとは対比的な「自然な成長」について。ワーキングクラスや貧困家庭の親は大人と子どもの間に明確な境界線を引く。彼らは、命令形の言葉を使いがちである。すなわち、理屈で子どもを説得するというよりも子どもにどうすべきかを命じることが多い。他方で、労働者階級や貧困家庭の子どもたちは、余暇時間をどう過ごすかをより自由に決めることができる。いつでも外出でき、近隣に住む友達や親戚の子たちと遊ぶことができる。ただ、こうした子育てのあり方は、学校のような制度が要求するものとは必ずしも一致しない。その結果、そうした家庭の子どもたちは、制度的場面において距離感や不信感を抱きがちになる。「自然な成長」の原語は、accomplishment of natural growth である。こちらのタイプの親は、子どもと議論しない。命じることもあるが、基本的には放任である。子どもたちは仲間関係のなかで自然に成長していき、やがて大人になっていく。ここで描かれている子どもたちの姿は、2章の前半で見た中学生・高校生たちのそれに生き写しである。

このラローの議論は、「選択＝家庭の富＋親の願望」というペアレントクラシーの公式に当てはめると、後者の「親の願望」の中身にフォーカスをあてたものだと位置づけることが可能である。2章で見た、「親の思い描くルートをたどって成長していくこと」を運命づけられた阪大生たちの歩みは、ラローの言う「計画的な子育て」そのものであるといっても過言ではない。

5　日本での子育て研究

子育て格差

著者の友人でもある広田が、「教育する家族」という概念を打ち出したのは１９９０年代後半のことであった（広田 １９９９）。広田は、高度経済成長期の共同体の解体と家業継承の終焉が、家族にとっての教育の意味を決定的に変え、親が子どものしつけと教育に全面的に責任をもつようになるのであるとする。「家庭の教育力の低下」の指摘とは正反対に、親は以前よりも熱心にわが子の教育に取り組むようになっていると主張したのである（中澤・余田 ２０１４、１７３頁）。

それを受けて本田（２００８）は、「子育てに脅迫される母親たち」の姿を、丹念な調査研究によって明らかにした。そこで提示されているのが、「きっちり」した子育てと「のびのび」した子育てである。前者は、成績・習い事・生活習慣など多様な領域について子どもを伸ばすことに熱心な姿勢をあらわし、後者は、子どもに自由や主張・体験の機会を与えることに積極的な姿勢を意味する。この両者は、ラローの概念とは異なり、ある階層に対応したものというより、子育てについての2つの力点と見る必要がある。教育熱心な層は、両方ともを自らの子育てに取り入れようとするが、両者はそもそも相容れない性質を持つために、母親は葛藤状態に置かれがちである。それに対して、そうではない層の親たちは、両方の要素に対して控え目な態度を取りがちである。ここに子育てにおける「格差」の問題を本田は指摘する（同前書、226－228頁）。

4つの類型

こうした内外の先行研究の蓄積をふまえ、筆者らの研究グループでは、足掛け4年にわたる、就学前後の子どもがいる家庭への訪問観察調査を軸とする共同研究を行った。その成果をまとめたのが、『学力を支える家族と子育て戦略』（伊佐夏実編著、2019）である。その概要をここで紹介しておきたい。

対象地は関西地方のX市、まず年長児（5～6歳）をもつ家庭への聞き取り調査を実施した。市内の幼稚園・保育所経由で依頼し、合計で86の回答を得ることができた。そのうちから合意を取りつけた13の家庭に対して、継続的な訪問調査を行った。調査員（ほぼ女性教員か女性大学院生、一部男性）が月一回程度、午後から夜にかけて家庭訪問し、数時間を子ども・家族と過ごすというものである。調査は子どもたちが小学校3年生になるまで続いた。13家庭のなかにはひとり親家庭が2家庭含まれているが、全体として都市部の、専業主婦である母親と稼ぎ手である父親、その子ども（たち）からなる核家族である。先のブルデューの枠組みを採用し、「全資本活用型」（3家庭）、「経済資本活用型」（2家庭）、「文化資本活用型」（2家庭）、「社会関係資本活用型」（6家庭）という4つの類型を設定したうえで、具体的な分析・考察を行った。

全資本活用型は、豊かな資本を背景に、親の教育的意図をもって子どものあらゆる能力を伸ばそうとする志向性がみられた。学校生活も充実していて、教師との関係も良好である。「一歩上」を目指す教育期待をもとに学校外教育にも多く投資し、プラスアルファの学習に力を入れるだけではなく、読み聞かせなどで読書習慣をつけることにも積極的である。変化する社会のなかで力強く勝ち抜いていく、そうした子どもがイメージできる子育てである。

経済資本活用型は、学校外教育への投資や学習習慣をつけることには熱心な一方で、読書についてはそれほど重視していない。自分の力で着実に生きていける自立性をはぐくみたいという教育期待がその背景にあると考えられる。また、学校や教師とはやや距離を置いて、困ったことがあると学校外の手段を用いて解決を図ろうとするような子育てを行っている。

文化資本活用型は、子どもの興味関心を重視し、個性を最大限に発揮させようとする。学校外教育にお金をかけるというよりは、子どもが楽しんで学べるように、親の知識や経験が総動員されている。どちらかといえば、競争的環境に子どもをおくことから距離をとり、のびやかに育てることを重視しているが、そうした働きかけにも教育的意図が感じられる子育てである。

社会関係資本活用型は、子どもにまかせる自由度の高い子育てが特徴的である。学習に関しては、とにかく学校の宿題をこなすことが第一で、それ以上の働きかけを熱心に行うわけではない。背伸びせず安定した生活を手に入れ、充実した毎日を送ってほしいという願いのもと、子どもたちは自分たちだけの自由な時間を目いっぱい楽しんでいる（伊佐前掲書、299－300頁）。

ここで注意しておかなければならないのは、対象となった家庭はいずれも生活が安定しており、研究者の訪問を楽しいと思える余裕があるタイプのものであったということである。共働きの家庭や経済的にきびしい状況にある家庭は、そもそも調査を受けようという気持ちにはならないだろう。また、調査全体を通して、これらの家庭の保護者たちが「不安のなか」にあるという印象はなかった。一つには、まだ対象児が幼かったから（小3まで）という事情が関係しているように思う。第2節で見た中学受験が視野に入ってくると、話は変わってこよう。また、古くからの住民が多く住み、押し並べて生活水準が高いという対象地X市の土地柄も、この結果に一定の影響を与えているようにも思われる。

6　まとめ

不安の理由

最後に、「不安のなかの親」という本章のテーマについて、筆者の見解を整理しておきたい。

イギリスの著名な社会学者であるA・ギデンズは、「存在論的不安」という概念を提示している。それは、「近代社会の成熟によって価値観が多元化され、自己の存立基盤が脅かされることによって起こる不安」と説明されている。要するに、伝統的な社会に存在していた安定感とか安心感などが揺らぎ、「自分とは何者か、自分はどう生きればよいのか」を常に問いただささなければならないという、現代人に共通する構造的な「不安」に言及するものである（ギデンズ 2015）。他方私たちは、日常的かつ個人的な不安も日々感じている。「ちゃんとガスの元栓を閉めてきただろうか」とか、「さっきの一言で彼女の機嫌を損ねてしまったのでは」といった類いの不安である。ペアレントクラシーをめぐる親の不安は、いわばその中間に位置するものと考えてよいだろう。

子育て・教育において親がなぜ不安になるのか。それは、安心できる状態にはないからである。すなわち、「こうすればよい」という確たるものがないのである。昔はそれを社会が、あるいは先行する世代が与えたであろう。今日、この形はとっくに崩れてしまっている。だから、自分のなかに確固たる子育てのポリシーがある人にとっては話は別だが、それを持たない人にとっては、毎日が不安の連続であり、さまざまな情報源にあたって（ネットを通じて、ママ友との会話を通じて等々）、その時々で最適と思われる選択肢をとるしかなくなる。では、誰が確固たる子育てのポリシーを持ちうるのか。それは、生まれ育ってきた環境の中で諸々の体験を自分なりに消化し、自らの子育ての基準なりやり方なりを見出すことができた人である。子育て不安が大きい人と小さい人とのちがいは、そのあたりにあるように思う。

ペアレントクラシーに引きつけて考えてみよう。2節で登場してもらった、お子さんの中学受験を経験したばかりの私の知人は、次のように語っている。

「私は、幸運にも楽なほうだったのかもしれません。もっとつらそうな、真剣に悩み、いろいろ動いているお母さんたちもいました。転塾を試みるお母さんなんかは、その典型例のように思います。ただ、じゃあ、どういうお母さんが右往左往というか、積極的に動いているのかというと、印象論にすぎませんが、母親の最終学歴に関係しているところもあるのかな、と。しかも、大卒か否かではなくて、旧帝大や早慶といった大学の出身の母親なのかどうかで違うというか。つまり、高学歴の母親は増えていますが、そのなかでも、旧帝大、早慶出身だと、子どもの中学受験に対して、少し余裕のある臨み方をしている人が多い。中学受験でだめだったとしても、高校受験、大学受験もあるし、いつ成長するかは人それぞれだし、みたいな。結局、どの塾かより、自分が頑張るかどうかだし、いま頑張れるなら御三家のような中学とのご縁ももらえるんだろうね、みたいな。一方で、短大や女子大出身といったお母さんは、たとえば塾をはしごさせたりとか、さっき言った転塾もそうだし、家庭教師をつけるとか、少しでも打てる手はないか、本当に一生懸命考えている感じがしました」

ミドルクラスが最も不安

「旧帝大」という語は、一般的には耳慣れない言葉であろう。第二次世界大戦前に存在した「帝国大学」だった歴史をもつ大学のことで、具体的には東大・京大・阪大などを指す。要するに、偏差値で見てトップに位置するような大学を出たお母さんは「いずれ何とかなるでしょう」という楽観的見通しを持つことができるのに対して、それに次ぐような学歴をもつお母さん方が「真剣に悩み、いろいろ考えて動き」「もっとつらそう」なのだというのである。教育熱心な層のなかにも二層を区別することができるという話である。

ペアレントクラシーの上昇気流に、ミドルクラスの人々は巻き込まれていくのだが、大気の上層にいる人たちの動きはそれほど激しいものとはならないのに対して、中層あたりにいる人々の動きが最も急激なものになると解釈することができるのかもしれない。そして、子育て不安を最も強く感じるのも、おそらくその層だと指摘できるだろう。

前節で紹介した伊佐らの研究は、ミドルクラス内部での子育て・教育戦略の内実に迫ったものだということができる。そのなかでも全資本活用型と文化資本活用型の家族には、ラローのいう「計画的な子育て」という側面がきわめて強く、それとは対照的に社会関係資本活用型の家族では、「自然な成長」という側面が相対的に強いと感じられた。ラローでは、両者がミドルクラスとワーキングクラスの対比として描かれていたが、伊佐では、ミドルクラス内部においても両側面を見出すことができたということである。

このように見てきた場合、未開拓な研究領域として広がっているのが、ワーキングクラスおよび貧困層の子育て実態の解明である。アメリカを対象としてラローが指摘したような子育ての実態が、日本においても同様に見られるのだろうか。さらに、ラローは一貫して「ワーキングクラス」と「貧困層」の子育てをひとまとまりのものとして扱っているが、本当にそうなのだろうか。率直に言って、筆者には、ワーキングクラスの子育てと貧困層の子育てが同じものであるとはとても思えない。その違いを解明していくことが、私たち研究者に期待されている。「教育熱心でない」層が教育にどのような思いをこめているのか、いないのか。またそのグループ内でのバリエーションがいかなる形で存在しているのか。さらに、格差を埋めるための諸施策の効果がどのようなものであるのか。それらを把握するための、上から目線ではない、ローアングルでの調査研究が今求められている。

〈注〉

① この調査は、2021年4~7月にかけて「国立・私立小学校の入学志向に関する実態調査」として実施されたものである。首都圏36のお受験に特化した幼児教室を経由し、2260名の保護者に

配布され、28・5％の有効回答を得ることができた。

② この調査は、1998～2013年度生まれの子どもを持つ母親に、インターネットによるアンケート調査として実施された。対象者数は、3～18歳（高校3年生）の子どもを持つ母親、合計で1万6170名。

③ 2022年2月15日にZoomによる面談を一時間ほどにわたって実施した。

第4章

戸惑う教師たち

1　はじめに

1990年代に潮目が変わった

日本の教師はいい仕事をしてきた、と筆者は思う。

欧米の研究者たちによって、日本の教育のすばらしさが称揚されたのが、1970年代から80年代にかけてのことであった（カミングス　1981）。戦後日本がなしとげた高度経済成長を支えたのが平等主義的な教育システムであり、それによってつくりあげられた勤勉で実直な国民の力のおかげで、日本の国力は飛躍的にアップした。日本の学校教育は子どもたちの全人格的な成長を導くものであり、教師たちはそれに向けて、子どもたちをかかえこむようにして職務に励んだのであった。

潮目が変わったのが、1990年代に入ってからのことである。

筆者にとって印象深い思い出がある。筆者は1991年から93年にかけてイギリスにいたのだが、日本の教育界は、出国前にはきわめて安定した状態にあるように見えた。ところが、帰国した時には、一転して著しく変化していると感じられる状態となっていたのである。目を経済に転じるなら、筆者がイギリスにいた時期の後半にいわゆるバブル崩壊が生じ、帰国後の日本の景気は著しく後退していたのであった。端的に言うと、日本の元気がなくなっていたのである。そうしたなかで、教育界にも大きな様変わりが生じ始めていた。

1990年代後半に、筆者は関西のある都市で聞き取り調査を実施した。教師たちが、子どもの変化をどう捉えているかを明らかにするための調査である。その町の小中高校教員で、経験年数10年以上である60名余りに話を聞いた結果、子どもたちの変化は、おおむね4つの特徴を持つものと整理することができた（志水 1997）。すなわち、「弱くなっている」「一対一の関係を求める」「リーダーがいない」「社会的関心が低い」の4つである。裏返して言うと、それ以前の子どもたちはもっとタフで、集団のなかで動くことができ、リーダーと呼べる存在がおり、社会的関心も高かったということである。少なくとも中堅・ベテランの教師たちには、子どもの変化はそのように映っていたのであった。

ところで、変わったのは子どもだけではない。というよりむしろ、子どもの変化は、何よりも子どもが生まれ育つ環境、大きく言うなら社会の変化によってもたらされるものに違いない。本書の文脈に即して言うと、第一に、子どもの変化は、ペアレントクラシーの進行によって、具体的には家庭環境の変化や親の意識・行動の変化によってもたらされた。第二に、子どもの変化は、新自由主義的な教育改革の趨勢（すうせい）、それによって生じた学校の風土や文化の変化に導かれる部分も大きかったであろう。いじめや不登校といった現象が大きな社会問題として取り上げられるようになったのも、この頃のことである。いずれにしても、日本の教師たちにとって、「今までのやり方が通用しない」と感じるような子どもたちの変化がこの時期に生じたと思われる。

本章では、教師の視点から見たペアレントクラシーの進行について考察を加える。タイトルにあるように、本章のキーワードは「戸惑う教師」というフレーズである。「戸惑い」というのは、前に挙げた「今までのやり方が通用しない」という実感を指すものと考えていただいてよい。

1990年代は、右記のような子どもの変化をふまえつつ、いわゆる「ゆとり教育」と呼ばれるスタイルの教育が推進された時代である。総合的な学習の時間というものが学習指導要領に位置づけられ、教科の枠を超えた授業・教育活動が推進された。2000年代に入ってからは、子どもたちの学力が低下しているという危機感のもとに文科省の「確かな学力」向上路線が推進されたり、また、新たな時代の教育ニーズということで英語や情報・ICT、あるいは道徳などがカリキュラム上の新たな位置づけを得、それらの拡充が図られたりしてきた。新しいものが入ってくるたびに教師たちの戸惑いや不全感は強まっていくが、時代はそれを待たない。学校はそれらの導入に躍起になり、教師はどんどん忙しくなっていく。

そして2010年代後半になり、OECDが行った調査(2018年の「国際教員指導環境調査」、TALIS2018と呼ばれる)によって日本の教師は働きすぎだという実態が明らかになり、教師の「働き方改革」がすすめられるようになってきた。やることは山ほどあるのに、長時間働くなというプレッシャーが文科省・教育委員会からかかってくる。「一体どうしろというのか」というのが教師たちの偽らざる心境だろう。そこに新型コロナである。教師たちの戸惑いはマックスに達しているように、筆者には思われる。

以下本章では、次のような手順で、教師にとってのペアレントクラシーについて読み解いていこうと思う。次の2節では、改めて親と教師の関係性の歴史的変化について、図式的に捉えてみたい。その上で、3節ではペアレントクラシーが学校・教師にもたらしたものについて検討する。具体的には、保護者対応と学力格差という2つの今日的課題を扱う。

続く4節では、ペアレントクラシーを背景に推進されつつある新自由主義的教育改革によって生じる学校現場の軋轢（あつれき）について、教師たちの言葉に耳を傾けてみたい。最後の5節では、全体のまとめを行う。

図表4―1　親と子と教師の三者関係の変化

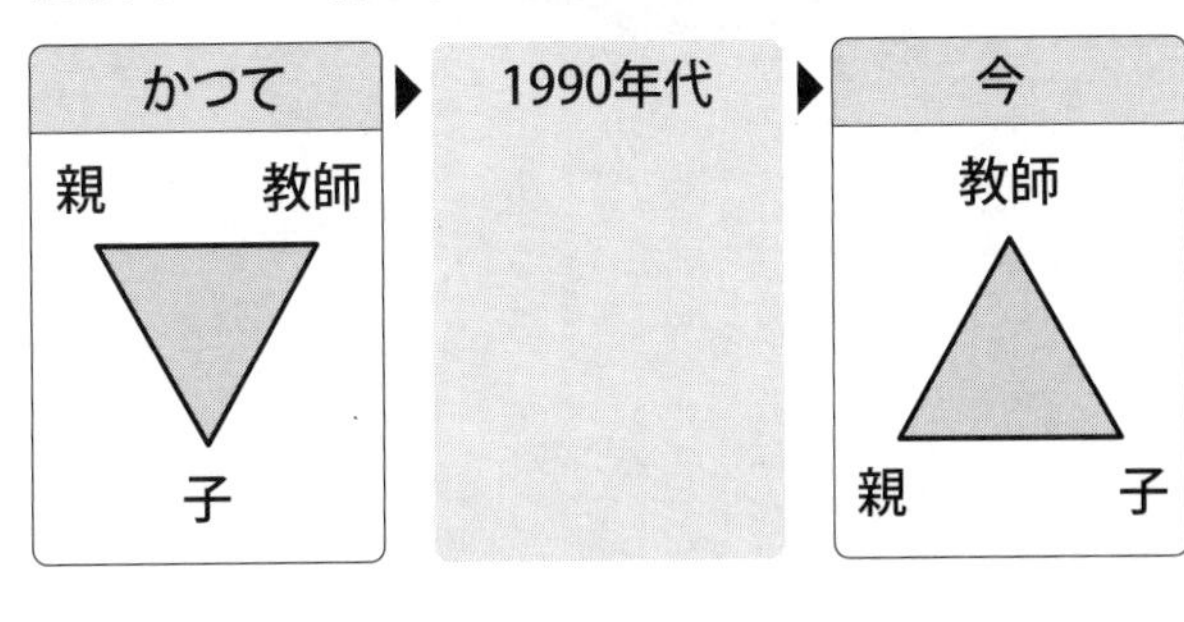

2　親と子と教師の三角関係

「教育は選ぶ」への移行

前節で、子ども・家庭・学校に、1990年代に生じたであろう変化についてふれた。筆者の目には、それ以前（1980年代まで）とそれ以降（2000年代以降）で、それらの三者関係が劇的に変わってしまったように映る。それを図示したものが、図表4－1である。

図の意味するところは、きわめてシンプルである。

かつては、親と教師がスクラムを組んで子どもを育てるという雰囲気があった。引っ張り上げるイメージである。ところが今では、その形は崩れ去ってしまい、親子連合が教師を「品定め」するモードになっている。言葉は悪いが、

「隙あらば、教師を引きずりおろそう」という雰囲気すら漂う場合もある。

この変化は、「教育とは一緒につくっていくものである」というモードから、「教育は選ぶものである」というモードへの移行と捉えることもできる。親の目線が、同じ大人としての教師に近いところにあるのではなく、どちらかというと、子ども目線とかぶるようになってきているのである。昔の親は先生に向かって言ったものである。「どうぞ先生、ビシビシやってください」と。筆者自身が子育て中だったときは、「教師への不平・不満は子どもの前では言わない」ことを妻と申し合わせていた。そういう行為は、決して子どものためにはならないと考えていたからである。逆に、教師の動きをできるかぎりサポートしようと心がけたつもりである。大人たちのネットワークで次世代の子どもたちを育てるという気風が、そこにはたしかにあった気がする。

筆者は1990年代の半ばに関西から首都圏に引っ越した。勤務する大学がかわったからである。そこで、図に示した変化を身をもって知ることになる。首都圏では、いち早く三者関係が後者（逆三角形ではない、右側のふつうの三角形）に移行していると感じたのであった。筆者が暮らしたのは公務員住宅で、当時自分の息子たちが通っていた地元の公立小学校には、前章で見たような教育熱心な家庭からの子どもたちが多かった。妻から聞いた話であるが、そこでは、例えばいじめ的な事象や何らかのトラブルが起こったときに、「うちの子どもは悪くない、悪いのはまわりの子たちだ」とする保護者もいたという。筆者自身はその頃、少年サッカーチームのお父さんコーチとして活動していたが、「自分の子どもを取り立ててほしい」というお母さん方の熱い視線に応えるのに苦労したことを思い出す。ただそのチームでは、保護者の協力によって支えられていた側面が強かったので、図表4-1の左側の逆三角形的な関係も健在だった。今日では、小学校ベースのチームで保護者として運営に協力する(=お手伝いする)ことがわずらわしいので、月謝を払えばすべてやってくれるクラブチームの方が人気が高くなっているという話をよく聞く。

第1章で、アリストクラシー(身分社会)からメリトクラシー(業績社会)となり、それが今ペアレントクラシーに移行しつつあるという話をした。アリストクラシーにおいては、社会の形が自ず(おの)とそれぞれの身分や階層における子育てのあり方を決めていたという側面が強かっただろう。メリトクラシーの社会となり、そこでは学校の存在がクローズアップされるようになる。なぜなら、個人の「業績」はさまざまでありうるが、その最大のベースとなるものが、学校によってもたらされる「学力」であり、「学歴」であるからだ。教師が尊敬を集め、強い影響力を誇りえたのには、そうした背景がある。大人(親と教師)

が子どもを引っ張り上げる形はそうしてできあがったのである。それとは対照的に、ペアレントクラシーの社会では、教育をうまく使いこなす親が幅を利かせることになる。結果として、親子ペアが学校・教師を「品定め」する形が支配的となり、教師は彼らの機嫌を損ねないように立ち振る舞うのが常態となってきているのである。

3　ペアレントクラシーが学校・教師にもたらしたもの

保護者対応に苦しめられる教師

ペアレントクラシーは、一体何を学校・教師にもたらしたと言えるであろうか。ここでは、それを2点にしぼって論じてみたい。一つは保護者対応の困難、今一つは学力格差の拡大である。

まずは、保護者対応というトピックについて。

読者の皆さんは、「モンスターペアレント」という言葉を耳にしたことがあるに違いない。この言葉は、元小学校教師の向山洋一の命名によるもので、「学校などに対して、自己中心的かつ理不尽な要求をする親」のことである（『教室ツーウェイ』2007年8月号）。2000年代に入ってから使われるようになった言葉である。同様の概念を指す言葉として、アメリカには「ヘリコプターペアレント」という用語がある。子どもの上空を旋回して常に気を配り、不利なことがあれば急降下して学校にさまざまな要求を出すという意味らしい（日本教育社会学会 2018、436頁）。

保護者対応研究の第一人者である小野田は、保護者から学校へのクレームには、3段階があるという。当然受け止めるべき「要望」、事情によって対応すべき「苦情」、そして当事者の努力によってはいかんともしがたい「無理難題要求」（＝イチャモン）である（小野田 2013）。増大する保護者からの要望・苦情・無理難題要求について学校は、どう受け止め、対応すればよいのか。例えば、前節で挙げた、何の根拠もなく「うちの子どもは悪くない、悪いのはまわりの子たちだ」と主張する保護者に対していかなる行動をとればよいのか。それが、保護者対応である。小野田は、モンスター扱いするのではなく、まずは徹底的に話し合い、親の願いや思いを理解することが必要だと説くが、その苦労は半端なものではないと聞く。デパートやメーカーにおけるクレーム処理の実例に学びながら、教育委員会や研究者が保護者対応のマニュアルをつくり、学校現場に配布したり、教員研修の場でトレーニングを実施したりという対策がとられている。

2013年に文科省がまとめた「教職員のメンタルヘルス対策について」という調査によると、校長が感じるストレスが最も高いものが「学校経営」で74%、「保護者対応」はそれに次ぐ2位で65%となっている。また、同じく文科省が2015年に実施した「小中学校教員に対する業務の負担感調査」では、「保護者や地域からの要望・苦情対応」(71%)という項目は、「国や教委からの調査対応」(87%)や「研修リポートや報告書の作成」(72%)と並んで高い数値をとる項目となっている(日本教育社会学会 2018、436頁)。

今日、多くの教師、とりわけ若い教師たちが保護者対応に苦しめられている。実際に、それが元で教職を去ることを余儀なくされる事例も少なくないと言われている。考えてみればわかるだろう。大学を出たばかりの新任教員が学級担任を任されたとする。まず、子どもたちの心をつかみ、まとまりのある学級をつくっていかなければならない。次に、授業の準備。小学校の先生であれば、毎日4~6校時、8~9の教科を教えなければならない。それだけでも十分に大変である。すぐれた資質を持つ新任教師でも、アップアップの状態となることが予想される。その上での保護者対応である。年齢も上、経験も上、その上消費者目線で来る保護者の期待に応えなければならないのである。理解のある保護者もいようが、そうではない保護者もいる。同僚や管理職のサポートがなければ、ふつうの若者には荷が重い仕事であることは容易に想像がつくだろう。

ペアレントクラシーのもとで、学校は、いいか悪いかは別としてサービス業化している。

そして教師はある意味、「接客」に神経を集中し、顧客の要望に応えなければならない状況下に置かれるようになっているのである。

学校の二極化

次に学力格差というトピックについて見てみよう。これは、私がこの20年間でもっとも力を入れ取り組んできた教育問題である。筆者らのグループが、「学力の二極化」という現象を見出したのが、今からちょうど20年前のことであった（苅谷他 2002）。子どもたちの学力の「2こぶ（ふた）ラクダ」化は、今や全国の小中学校で常態化しており、その背景に「家庭の二極化」があることもまた教育界の常識となっている。

筆者らは、欧米で発展してきた「効果のある学校」(effective schools) 研究を参考にして、学力の2こぶラクダ化を克服する教育実践に関する研究を積み重ねてきた。「効果のある学校」とは、教育的に不利な環境にある子どもたちの学力を下支えしている学校のことである（鍋島 2003）。関西、とりわけ大阪を中心として調査研究を進めてきた結果、日本のなかにも「効果のある学校」と呼べる学校がたしかに存在しているという事実を、筆者らはつきとめることができた。そしてその背後には、長い歴史をもつ同和教育の実践があることがわかった。同和地区の子どもたちの低学力および低い進学率を克服すべく、多くの同和加配教員が配置され、[注①]集団づくりや部落問題学習を軸とする体系的な教育実践が積み重ねられてきた（志水 2018）。その成果として、しんどい子たちの学力を下支えする教育風土が成立したのである。ただし、2002年3月をもって一連の同和対策法は失効し、加配教員の数は激減することになる。そして、かつての同和教育は、人権教育という新しいコンセプトのもとに再編されていくこととなる。

現在の時点においても、大阪を中心とする関西では、しんどい層を支えようとする学校文化は健在であり、近年の教育社会学においては、例えば「力のある学校」（志水編 2009）、「排除に抗する学校」（西田 2012）、「ケアする学校」（柏木 2020）といったコンセプトで、その特徴を新たな学問用語で整理しなおそうという研究が進められている。

だが、他方で懸念されるのが、筆者が「学校の二極化」という言葉で整理した公立学校についての現状である（志水 2021）。本項の最初で述べたように、2000年代に入ったばかりの段階で「学力の二極化」の趨勢が明らかになったのだが、ほどなくそれと並行するように「学校の二極化」が見られるようになってきた、と筆者には思えるのである。学校の二極化とは、すなわち公立学校の内部で「評判がいい学校」と「評判がよくない学校」に分化する傾向が進んでいるという事態である。その背後にあるのが、新自由主義的教育改革の影である。

もともと私立学校と公立学校の間には、威信の格差があったと言いうる。地方都市にいくと、私学志向よりも公立志向が強いというケースもあるが、大都市圏においては私立学校のブランドが圧倒的に優位である。そして今日では、公私間だけでなく、公立学校の間でも二極化が強まっていると思われるのである。

公立学校の二極化を進行させる代表的な新自由主義的政策が学校選択制である。日本では2000年の品川区を実質的な皮切りとして、2000年代に学校選択制を採り入れる自治体が増え、最盛期には全国で十数％にあたる市町村が何らかの形での学校選択制を採用するにいたった（志水 前掲著、116－117頁）。しかし、その後は見直し傾向が進み、下火になった感はあるのだが、そうしたなかで大阪市は2014年から学校選択制を全市で採用するようになった。ご存じのように、大阪は全国で最も「維新」勢力が強いところで、現状では最も極端な形での新自由主義的教育政策が採られている自治体だと位置づけることができる。その大阪で、今何が起こっているのか。それを象徴するのが、次に挙げる図表4－2である。

図表4−2　偏差値の変化——西成区の中学校

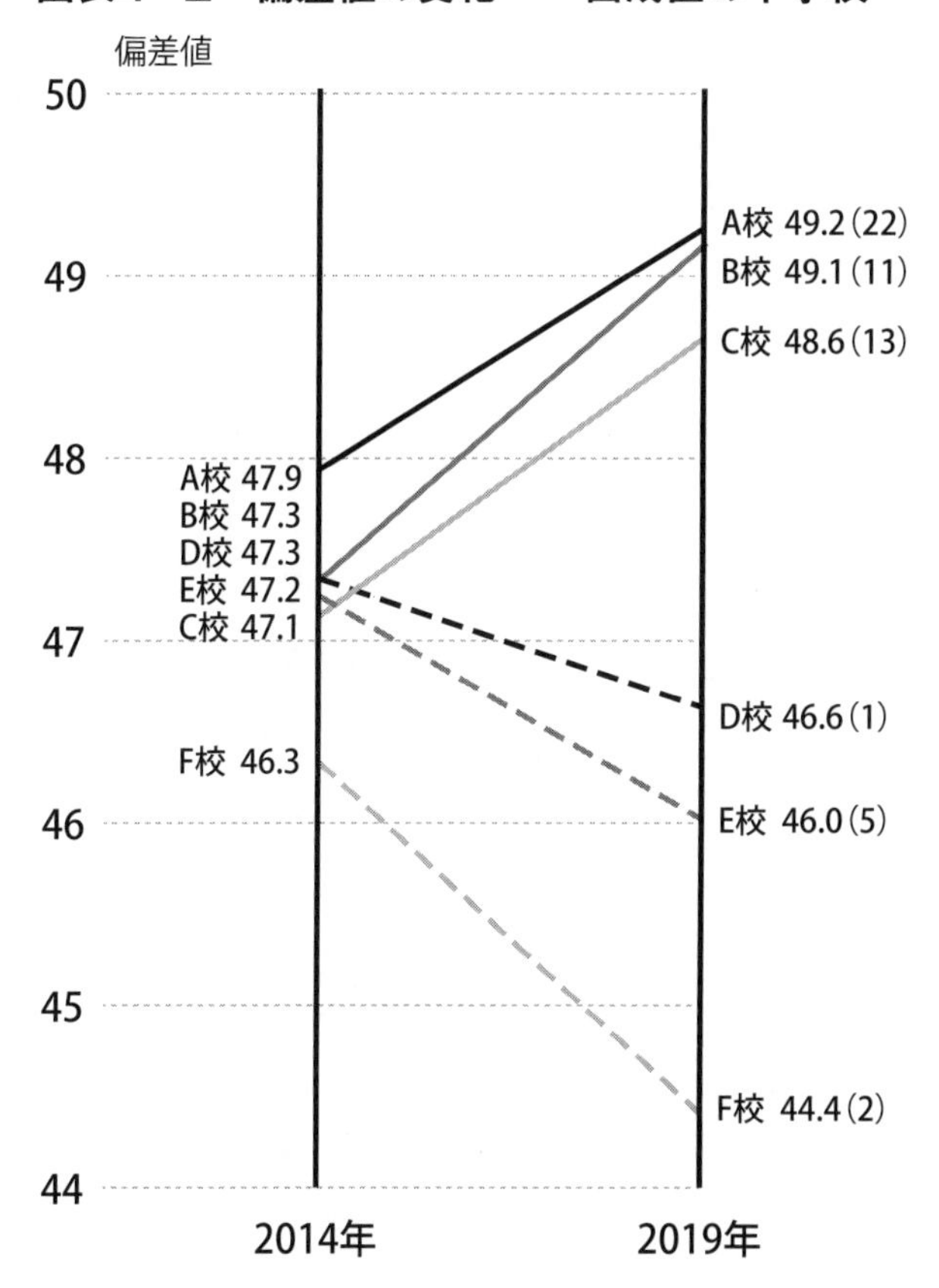

注）①筆者が入手したデータを加工して作成した。
②学校名の右側カッコ内の数値は「校区外からの入学を希望した者の数」

これは、大阪市内に24ある区のうちの一つ西成区に関して、学校選択制導入前後での、6つある公立中学校のテスト成績の変化を図示したものである（志水 前掲著、160頁）。数値は全国学力・学習状況調査の結果を偏差値に換算したものである。

西成区は、大阪市のなかでも最も社会経済的にきびしい住民が多いとされる区である。左側の2014年の数値（偏差値）を見ると、50を超える学校が一つもないことがわかる。すなわち、区内のすべての公立中学校は、全国平均を超える成績をもともと持っていなかったということである。そして、右側が2019年の結果である。3校が右肩上がりの傾向を示し、残る3校の成績が下降しているという結果が見てとれよう。注目していただきたいのは、（ ）内の数値である。これは、その年度に「校区外から入学を希望した者」の数を表している。逆に、「校区外の他の中学校を希望した者」の数も知りたいところであるが、その数は公表されていないためわからない。いずれにしても、（ ）内の数値を見ると、成績が向上した学校では2ケタとなっており、下降した学校では1ケタ（ほとんど存在しない）ということがわかる。すなわち、「人気校」の成績は押し並べて向上し、「不人気校」の成績が押し並べて悪化したということである。最も不人気校であるF中の偏差値は、44ポイント台となっている。きわめて低い数値である。

つまり、この図に示されているのは、学校選択制という制度の導入が、5年間で公立中学校の二極化をものの見事に招来させたという事実である。そして、見逃してはならないのは、西成区は大阪で最もしんどい地域の一つであるということである。公立学校の教師たちが一致団結して子どもたちの学力や進路を保障しようとしてきた土地柄であるにもかかわらず、教育政策（教育改革）がそれとは正反対の「分断」をもたらしているという事実。皆さんはこの実態をどう見るだろうか。

4　新自由主義によって生じる軋轢――教師たちの言葉から

大阪の教師たちの証言

ここまで学校・教師に対するペアレントクラシーの影響について見てきたが、当事者である教師の言葉に耳を傾けるチャンスがなかった。本節では、それを試みてみよう。考察の対象とするのは、大阪の教師である。

大阪府では、2008年に大阪維新の会の代表・橋下徹氏が府知事に当選して以降、右で見た学校選択制の導入をはじめ、新自由主義的教育改革を全国に先駆けて断行してきた。今日にいたるまで、その影響は大阪の学校現場に長い影を落としている。すでに1章で指摘したように、親の選択を最大限尊重するというペアレントクラシーの理念を背景に登場したのが、新自由主義的教育改革である。その改革の推進が、家庭の富と親の願望の「格差」を媒介として、実態としてのペアレントクラシー（本章で扱ってきたトピックで言うなら、学力の二極化や学校の二極化）をさらに進行させるという循環構造が見られる。そのなかで、学校現場をあずかる教師たちは、事態をどのように見、どのように対応しようとしているのだろうか。

今、筆者の手元には、大阪の教育改革について検討を加えた2冊の本がある。濱元伸彦・原田琢也編著『新自由主義的な教育改革と学校文化』(明石書店、2018年)と中村瑛仁『〈しんどい学校〉の教員文化』(大阪大学出版会、2019年)である。それらに掲載されている教師の声をいくつかここで紹介しておきたい。

まず、前節で扱った大阪市の学校選択制についての、ある校長先生の言葉である。氏は、今日の大阪市において管理職のなり手が極度に不足している現状について、次のように語っている。


「越境反対といって、一生懸命、自分の校区で親を一人ひとり説得して取り組んできた我々なのに、そんなことお構いなしに学校選択をなし崩し的に導入。ありえへんことですよ。そうやって、強い思いや力量のある人は、みんな本当に腹を立てているし、そんな市のために、自分が校長や教頭になって旗振って頑張ろうなんて、まったく思えないんですよ。それやったら、もう、現場の教師で一生やるって、腹を決めてしま

うんです」（濱元・原田 前掲著、59頁）

かつての大阪では、越境問題が大きく取り沙汰された時期があった。「よい学校」を求めて、あるいは「悪い学校」を避けるために、校区を越えて子どもを他の学校に送ろうとする親が一定数居たということである。それに対して、大阪の教師たちは粘り強く保護者に働きかけ、地元の学校を大事に考え、そこに通うことを当然とする機運をつくりあげてきたのであった。その努力が、学校選択制の一斉導入によって、打ち砕かれてしまったというのである。「強い思いや力量のある人」が管理職になることを忌避する風潮が、今大阪に広がっているのである。ゆゆしきことと言わねばならない。

社会経済的にきびしい背景をもつ校区に立地する学校に勤務するある教員は、次のように話す。

「保護者がこんな学校なんだけどちょっとずつ意識が高まってきていると思うんですね。うれしいことなんですけどね。ほんで、こんなうちの学校でもそんなふうに高まってきてるということは、逆にこれからジワジワッとうちの学校に来る生徒は減っていくだろうなと。（うちの学校）『先生も一生懸命でいいんやけど、やっぱりあの学校行ったら、学力が低いらしいからやっぱり頑張ってもいい成績もらわれへんみたいやで』ということで、やっぱり上位層の子が根こそぎどっかに流れる。私学とか（学校選択制で）隣の学校とかに抜き去られるとか、そういうこと起こってくるやろうなと」（同前書、123頁）

右の発言を正確に理解するには、大阪市が現在実施している「チャレンジテスト」という名の、市独自の学力テストの位置づけを知っておかねばならない。学校の平均点によって、子どもたちの内申点が「補正」されることになっているため、学力水準の高い学校の子どもは高校入試においてより有利、逆に学力水準が相対的に低い学校の子どもはより不利な状況に置かれることになる。したがって、少しでも条件がよい学校に、すなわちより学力水準の高い学校に、子どもたち（とりわけ学力上位層）が流れていくという傾向が生まれるのである。まさに「弱肉強食」の世界が、そこに現出することになる。

新自由主義的教育改革の他の側面へも、視野を広げてみることにしよう。

先述の中村（2019）では、大阪の教育改革は、教師に3つの混乱をもたらしたと整理している。その3つとは、「管理統制の強化」「実践における裁量権の低下」「成果・競争主義の要請」である。教師の証言を、それぞれ1つずつ挙げておきたい。

〈管理統制の強化〉

「教職員に対して罰則、罰則でしばろうとしてますよね。僕らの仕事的に、罰則でしばることで、教職員のモチベーションがあがる、ということはないと思いますね。（略）僕ら人間を相手にしますやん。そうするとほんまに、心を削っている気がするんですよね。そうしたら削った心をどこかで回復せなあかんでしょ。そういうのがね、ものすごくしにくくなってきてると思います。なんかしらんけど、開放感というか自由感がないというか、しばられている感というものの中で、仕事をしていくという」
（中村 前掲書、204頁）

〈実践における裁量権の低下〉

「最近大阪が変なのは、我々が知らんこと、もちろん校長も知らんことが、新聞にでるからね。マスコミ、報道を通じておろしていく。親、子ども、我々、校長、同時に見ることになるというね。そこで、昔やったら教育委員会あって、校長会あって、組合あって、そこですり合わせながらやっていたのに、今は完全に遮断されて、トップダウンで下りてくる。それに戦々恐々あわてふためく。それが今の大阪の教育。だから、なんか知らんけど、いっぱいぽんぽん降ってくる。それを管理職も理解、精査できへんし、おろされた我々は、やらなしゃーないから、やると」（同前書、205－206頁）

〈成果・競争主義の要請〉

「数値目標が1つ大きいですわ。例えば『遅刻をなくそう』、これは別に悪いことじゃないですよね。（略）ところが遅刻をなくすのはいいことなんだけど、『なんでこの子遅刻するの？』を抜きにはできないでしょ。単なる寝坊とかやったら、それはもうガンと怒ってやればいいわけだけど、（略）『残らない子』の生活背景をつかんで、何をなおしていくか。遅刻は変わらないけど、今まで昼に来てた子が、2時間目終わったぐらいに来られるようになったら大きな成果だと思うけど、これは数字には出てこないわけですね。(略)朝起きたら親もおれへん、いつ親が帰ってくるかもわからない家の子が、頑張って10時に来るようになったら、それは大きな成果なのに、遅刻数値であれば絶対出てこないですよね」(同前書、209頁)

これらの証言に対して、細かい注釈等をつける必要はないだろう。最後に出てきた「しんどい家庭の子が10時に来る」ことを成果だと思うのが教師というものであり、それは、成果主義・競争主義を旨とする新自由主義的な発想とはそもそも相容れないものである。

ある教師は、職員室の状況について、次のように語っている。

「教師の分断。教師同士が疑心暗鬼になってる。(同僚関係が)崩れてきてる。うち(の学校)だけじゃなくて、よその学校でも孤立化が。組合も分断されはじめてるけど、教師も職員室の中で孤立しはじめてると思う。それは、考え方、発言、自分がどう思われてるか。(略)でも職員室でよくいうてるんです。子どもが悪い、親が悪い、地域が悪い、そこで終わりやねん。発展性がない。それを言うたら、教師のプライドを捨ててるようなもんですよ。最近そこにね、政治も入ってるんやけどね(略)。わずかながらの、尊厳の放棄やから。人のせいにしたら、教師はなんもせーへんから。（略）だから、『頑張ろうね』って言ってるんやけど、頑張れる空気があまり感じられへん。まあ戦いますけどね……。」（同前書、219頁）

5　まとめ

教師受難の時代

教育は、もともと保守的なものである。例えば、動物の子育てを考えてみるなら、おそらくそれは１００年、２００年のスパンで、安定した、変わらぬ形態を保っていることだろう。人間も動物なのだから、子育ての基本はそう変わらないはずである。しかしながら人間は、ただの動物ではなく、「社会的動物」である。社会が変わるなら、教育も変わる。それも真実である。

現在へといたる、義務教育を柱とする学校制度が成立したのは、欧米でも日本でも、今からおよそ１５０年前のことである。それまでは、子どもたちは学校教育を受けることなく大人になっていた。今は違う。学校教育を経由しないと、子どもたちは大人になれない。そしてペアレントクラシーは、親の富と願望で子どもたちの学校教育の質と量が左右され、それによって人生が大きく方向づけられる社会である。そうした状況のなかで、親と教師との関係は、ここ20~30年の間に大きく転換したと言える。本章2節(図表4-1)で見た、逆三角形から正三角形への移行がその本質をシンプルに表現しているだろう。

そのなかで、本章で見てきたように、教師は大いに戸惑っていると言わざるを得ない。社会のルールや価値観や文化を次世代に共通に伝えるという側面よりも、それぞれの親の意向やニーズに的確に応えるという個別対応の側面が重視されるようになってきている。しかも、前節で見たように、その傾向を過度に助長するような教育改革の方向性が、さらなる拍車をかけている。

先に見たように、大阪では管理職のなり手が不足している。ベテラン教師が、後ろ向きになっているのである。それだけではない。教員採用試験の志願倍率も、近年低落傾向にある。若手教師として第一線で活躍すべき世代が、学校というものにそっぽを向きはじめている。深刻な事態だと言わねばならない。しかも、志願倍率の低さは、大阪だけではなく、かなりの都道府県で見られるようになってきているのである。

新自由主義は、「外的報酬」によって教師の動機づけを図ろうとする。すなわち、テストの点数をあげるといった「業績」によって、給与やボーナスを上げ下げし、教師たちの仕事へのモチベーションを管理しようとするのである。しかし、それは間違っている。教師の動機づけにとって重要なのは、「子どもが成長した」という実感によってもたらされる達成感、同僚教師との協働作業によって事を成し遂げたときの充実感といった「内的報酬」の方である。

ペアレントクラシーは、教師という仕事を遂行するうえで不可欠な自尊心やプロ意識、あるいは使命感といったものを損なうベクトルを内包していると言わざるを得ない。教師受難の時代である。

〈注〉

① 加配教員とは、義務教育標準法や高校標準法に基づいて算定される公立学校の教員定数に上乗せして文部科学省が配置する教員のことである。同和加配教員は、最盛期には全国で1000人以上も配置された（部落解放・人権研究所『部落問題・人権事典』、722頁）。

第5章

四面楚歌のなかの教育行政

1　教育行政が置かれた状況

教育行政担当者の視点

「四面楚歌」とは、周囲が敵や反対者ばかりで味方がいない状況を指す言葉である。「孤立無援の状態」とも言える。

これは、よく知られた「項羽と劉邦」の故事から来た言葉である。楚の項羽が、漢の劉邦に敗れて垓下でその軍に包囲されていたとき、四方を取り囲む漢の軍から盛んに楚の歌が流れてくるのを聞いて、「漢皆すでに楚を得たるか、これ何ぞ楚の人の多きや」といって、敵の軍中に楚人の多いのを嘆じたと伝えられている。故郷の歌が聞こえたのだから援軍が来たというわけではなく、楚の人々が漢に寝返ってしまったことを、項羽は悟ったのである（『日本大百科全書』第4巻、1994、小学館、557頁）。

教育行政が置かれた状況を「孤立無援」と表現するのは、やや言い過ぎかもしれない。しかし、「かつての味方が今は敵対者となってしまっている」という四面楚歌の状況は、現在の教育行政の実情を表しているとも言える。本章では、その実情の一端に迫ってみたい。

教育行政とは、わかりやすく言うと、国と地方公共団体が公教育制度を管理運営する働きのことである。具体的には、国レベルでは文部科学省、地方レベルでは、都道府県教育委員会および市町村の教育委員会がその任にあたっている。

前章では、教師にフォーカスを当てた。学校という組織を動かしているのが教師だからである。同様に考えると、文科省や教育委員会という組織を動かしているのは、いわゆる文部官僚そして教育委員会を構成する人々となる。彼らをここでは一括して「教育行政担当者」と呼ぶことにしよう。本章では、ペアレントクラシーの現実とそれへの対応を、教育行政担当者の視点から明らかにすることを試みたい。なお、紙幅の関係もあり、ここでは文科省という国レベルの話ではなく、教育委員会という地方レベルの話を中心に議論を進めていきたい。

さて、1980年代までは、教育行政と学校現場との間には一種の緊張関係があった(志水 2021、55-57頁)。それは、端的に言うなら、戦後に立ち上がった、日教組を中心とする教職員組合の力が強かったからである。文部省(当時)が進める政策は、「差別・選別を助長する」と学校現場では警戒される風土があった。日教組は、「教え子をふたたび戦場に送るな」というスローガンのもと、競争主義的な教育を否定し、より平等主義的な教育を推進しようとした。しかしながら、戦後のある時期まで強固な連帯を誇った教職員組合は、日本社会の経済的繁栄と成熟化を背景に徐々にその組織率を低下させていった。そして1989年、共産党系の「全教」という新たな教職員組合の成立によって分裂し、一気に弱体化していくこととなった。

1990年代以降、トップダウンが強まる

ペアレントクラシーが進行していく1990年代以降、文部省・教育委員会と学校・教師との敵対的な関係が薄まっていくのと並行するように、新自由主義的な政策動向の強まりによって、政治主導の教育改革路線が推し進められるようになっていく。単純化して言うと、ヨコの矢印（牽制しあう関係）が弱まったのと時を同じくして、タテの矢印（命令と服従の関係）が強まってきたということである。すなわち、政治家や首長の意向が、トップダウン的に教育現場への影響力を強める形になってきたのである。

教育行政にとって、かつては組合という「共通の敵」がいた。今日では、その敵の力は

弱まったものの、その代わりに、「あちこちに敵がいる」状況が立ち現れるようになってきている。どこからタマが飛んで来るかわからない状況と言えばよいだろうか。敵とは、具体的に言うなら、政治家であり、周囲の省庁（国の場合）や部局（地方の場合）であり、市民・保護者であり、マスコミであり、学校・教師である。教育行政を船団にたとえれば、かつてであれば予め決められたルートを粛々と運行すればよかったが、今日では海上のあちこちに流氷や障害物があり、それをうまく避けながら、あるいはかわしながら臨機応変に運行するスキルなり、力量が求められるということである。そして、舵取りに大きなミスが生じれば、周囲の状況は一挙に四面楚歌的な様相を呈するようになる。教育行政の仕事は、さまざまなアクターの利害のバランスをうまく取りつつ、教育の理想の実現に向けて地道に頑張らねばならない類いのものとなってきている。因果な仕事である。

2 国の教育政策の動き

「臨教審」がペアレントクラシーの引き金に

本書では一貫して、1990年あたりを「時代の転換点」として捉えている。何よりも、1章で述べたように、イギリスでペアレントクラシーという語が誕生したのが、1990年のことである（Brown 1990）。戦後最大と言われたサッチャー教育改革の真っただ中のことであった。

日本の教育を考えた場合、大きな転換点として常に挙げられるのが、当時の中曽根康弘首相がリードした臨時教育審議会（以後「臨教審」）の存在である。1985年から87年にかけて審議を継続し、その後の教育政策に大きな影響を与えた4次にわたる答申を出した。その背景にあったのは、4章で論じた学校と保護者との関係性の変化である。親と学校が肩を組んで子どもを引っ張り上げる形から親と子どものペアが学校を品定めする形への変化。4章では、その変化を逆三角形から正三角形への移行という形で表現した。臨教審の社会的背景の一つとしてこの移行があったわけだが、逆に臨教審での審議結果がこの移行をさらに加速化させたことをもまた事実である。言葉を換えるなら、臨教審こそが、日本のペアレントクラシーの進展の「引き金」となったのであった。

臨教審には4つの部会が設置されたが、大きなバトルとなったのが、第一部会と第三部会との対立であった。「21世紀を展望した教育の在り方」を検討課題とする第一部会は「教育の自由化」を推進する立場をとった。それに対して、「初等中等教育の改革」をミッションとする第三部会は自由化路線に大きく反発するスタンスをとった。本書の用語で言うと、新自由主義を推進しようとする第一部会とそれに真っ向から異議を唱える第三部会との対立の構図である。前者は中曽根首相や財界の意向が、後者は文部省（当時）をトップとする教育行政の意向が色濃く反映されたものであった。最終的には、「自由化」という表現は取り下げられ、それに代わって「個性重視の原則」という言葉が折衷案的に採られることとなった。すなわち、規制緩和によって教育に自由競争の原理を持ち込み活性化を図ろうという「自由化」の原則はこの時点では採用されることなく、それに代わって、「個性重視」という理念によって教育システムの柔軟化・多様化を図っていこうという方向性が示されたのである。教育行政学者の市川は、それを「教育の自由化」から「自由な教育化」へという表現で定式化している。臨教審以降、学校設置基準をはじめとする規制緩和、制度の柔軟化や運用の弾力化、教育内容・方法の多様化、「学校へいかない自由」も含めた学習者の自由の容認や選択幅の拡大、私学シェアの増大や教育産業の振興、公費支出の抑制と私費負担の増大といった方策が積極的に採られるようになっていく（市川1995、第1章）。

そのなかで、1990年代に中心的な争点の一つとなったのが、高校の多様化という問題であった。それまでの日本の教育は「唯一最善の制度」（the one best system）を志向するものであったが、ペアレントクラシーの進行とともに、多様な選択肢を用意し、その中で消費者（保護者・子ども）に選んでもらう方が現実的かつ効率的であるという発想が強まってくる（市川 同前著、25頁）。その焦点となったのが高校であった。普通科総合選択制高校、単位制高校、総合学科といった新たな学校種別が設計され、高校教育のメニューの多様化が各地で進展していくこととなった。その背景にあったのは、偏差値輪切り体制の常態化や高校生人口の減少に伴う高校再編の必要性の高まりといった社会的要因であった。多様なメニューを用意することで、少しでも輪切り体制を弱め、中学校における成績中・下位層のモチベーションを高めることが目指されたのである（耳塚・樋田編著 19

96)。

2000年代に入って、教育改革における新自由主義的傾向は着実に強まっていくことになる。それを象徴するのが学校選択制の広がりという現象であった。特に2000年における東京都品川区での学校選択制の導入は、一つのセンセーションを巻き起こした。学校選択制とは、公立の小学校や中学校を選べる制度のことである。当該自治体のすべての学校から進学する学校を選べるものから、自分の校区に隣接する小・中学校であれば選択できるというものまで、その運用の仕方にはさまざまなタイプがあるが、いずれにしても学校を選べるということである。日本の常識では、私立の学校は選べるが、公立の小・中学校は選べないというのが通例だった。その形を変えたのが学校選択制である。

これについては、前著（志水 2021、4章）で詳しく取り上げたので、そちらも参照していただければと思う。2006年に実施された文科省の調査によると、全国の地方自治体のうち、何らかの学校選択制を導入している自治体が240（全体の14・2%）、検討中が569（33・5%）、非実施が887（52・3%）という結果であった。ただし今日では、2014年に実施をはじめた大阪市を除くと、学校選択制は退潮傾向にある。先陣を切った品川区をはじめとして、その運用を見直したり（具体的には、よりゆるやかなものにする）、制度自体を廃止したりする自治体が目立ちはじめている。欧米に範をとる学校選択制は、結果的に日本には根づかなかったようである。

学力をめぐる国際競争

もう一点、新自由主義との親和性が強い国の施策について見ておきたい。それは、全国学力・学習状況調査（以下、「全国学テ」）の実施である。2007年にスタートした全国学テは、さまざまな変遷を遂げながらも、現在では完全に小・中学校における年中行事として定着している。この政策は、教育の多様化や個性化を目指すものというよりは、その競争力の向上を意図して導入されたものである。背景にはOECD（経済協力開発機構）が2000年から実施している、PISA（OECD生徒の学習到達度調査）と呼ばれる国際比較学力テストの存在がある。このテストは、変貌する社会のなかで優れた労働力として活躍するために必要な能力をどう育成するかという視点から設計されており、その結果に各国政府が一喜一憂するという状況が続いている。

いわば、学力をめぐる国際競争が日常化しているということである。

たとえばイギリスでは、サッチャー改革によって、全国的な学力テストと学校選択制は対になって実施されるようになっている。テストの結果が学校別に公表され、それにもとづいて保護者が自由に学校を選択するという形が、１９９０年代から存続しているのである。日本はまだそこまで行っていない。先に見たように学校選択制の導入は一部の自治体にとどまっており、なおかつ一般的にはテスト結果の学校別成績は公表されない状態が続いている。

いわば義務教育の世界にもペアレントクラシーの原理が貫徹しているイギリスに対して、日本の現状はそうなってはいない。読者の皆さんは、どちらがよいと思われるだろうか。

3　教育行政をみる視点——公正と卓越性

大阪の事例

前節では、日本という国の教育政策の動きをごく簡単にたどってみた。端的に言うと、1990年を転機として、新自由主義的なスタンスが強まってきているということである。その中心的キーワードが「規制緩和」であった。実は、もう一つのキーワードがある。それが「権限委譲」である。権限委譲とは、上位の機関が有している権限をより下位のユニットに譲るということである（ウイッティ他 2000）。具体的には、国の権限を地方自治体に委ねたり、教育委員会が有していた権限を個別の学校に譲ったりすることである。その流れに沿って、今日の教育の世界では、都道府県や市町村によってそのあり方が大きく異なるという事態がふつうになってきている。

以下本節では、大阪府という特定の自治体を対象として、教育行政担当者から見たペアレントクラシーというテーマに迫ってみることにしたい。なぜ大阪かというと、その主たる理由は、筆者が大阪のケースをよく知っているからだということになるが、それだけではない。まず、前章で見たように、大阪は現在、全国のなかでも最も新自由主義的な政策が採られている自治体である。つまり、先端的な事例だということである。さらに大阪は、以下に述べるように、日本のなかでとてもユニークだと思われる教育実践を展開してきたという歴史的経緯を有する。そして、その実践の系譜は、ある意味新自由主義と正反対のベクトルをもつものであった。その点から大阪は、きわめて論争的な性格をもつ事例だと言うこともできる。

公正と卓越性

ここで2つの言葉を導入したい。「公正」(equity)と「卓越性」(excellence)である。この2つの言葉は、教育行政の結果として導かれる「教育の成果」を評価する際に用いられる教育社会学的概念である(志水・鈴木編 2012)。

まず「公正」とは、「一人ひとりが等しく大事にされているか」「とりわけ、しんどい立場にある人が適切に支えられているか」といった事柄をチェックする概念である。他方「卓越性」とは、「一人ひとりの力を向上させることができているか」「とりわけ、社会のリーダー層が育まれているか」といった事柄に言及する概念である。例えば、子どもたちの学力の問題を考えるなら、卓越性の視点から「水準向上」、公正の視点から「格差是正」という2つの目標を設定できると考えていただければよいだろう。子どもたちの学力が、高い水準と小さな格差を兼ね備えるものとなったとき、教育行政は望ましい成果を収めることができたと言える。逆に、子どもたちの学力が低い水準にとどまり、その格差もはなはだしい時、「教育行政は一体何をやっているんだ！」という批判を社会から一斉に受けることになる。まさに２００８年、実際に大阪で起こったように。

その年に、橋下徹氏が大阪府知事に就任する。それ以前の大阪は、公正の原理を重視する教育政策をとっていることで知られてきた。２００５年に出版された大阪府教育委員会事務局スタッフの手による本『行政が熱い　大阪は教育をどう変えようとしているのか』では、その教育の中身の豊富さとそれをさらに発展させていこうとする教育行政担当者たちの熱が余すところなく表現されている。

源流は、１９６９年の同和対策法の成立後に体系化されていった同和教育の流れのなかにある（志水　２０１８）。そこでは「しんどい子を中心とする学級づくり」というスローガンのもとに、同和地区の子どもたちをはじめとする「しんどい子」たちの学力保障・進路保障が全力で取り組まれてきた。ここで言う「しんどい子」とは、標準語で的確に言い換えるのは難しいのだが、「きびしい家庭環境のもとに生まれ育ち、学校において生活面や学力面でさまざまな課題をもつ子」といった意味合いをもつ言葉である。その同和教育をルーツとして、障害のある子どもたちについては、「共生共育」と呼ばれる教育実践が積み重ねられてきた。それは、障害児をできるかぎり健常児と同じ場で教育していこうとする取り組みである。また、在日コリアンやニューカマーの子どもたちについては、「ちがいを豊かさに」という言葉が掲げられ、多文化共生教育の実践が蓄積されてきた（志水2022）。

注意すべきは、それらの実践にかかわった教師や教育行政担当者自身は、上で言う公正の原理を高く掲げてきたわけではないという事実である。すなわち彼らは「しんどい子」たちを何とかしたいという思いで実践を積み重ねてきたわけだが、その蓄積なり伝統なりを教育社会学的に表現すると、「公正重視の教育」となるということだ。そして筆者は、その中身はおそらく世界のなかでも抜きん出たものだと考えている。

その大阪に2008年、維新の会の橋下政権が成立した。橋下氏は新自由主義の信奉者であり、教育の場にもそれをダイレクトに導入しようとした。新自由主義は、2つの原理のうち卓越性の方を過度に重視し、公正の方はほとんど顧みないという性格を有している。まさに水と油。公正重視の路線をとってきた大阪の教育は、橋下氏によって180度の転換を迫られたのであった。

4 教育行政担当者のたたかい

知事と府教委の攻防

ここでは、2人の人物に焦点を当ててみたい。一人は橋下府知事時代の大阪で教育長の職にあった中西正人氏、今一人は同じ時期に教育監という役職に就いた橋本光能（みつよし）氏である（大阪の「教育監」とは、「指導系のトップ」、要するに教員経験者が就ける、学校現場を統括する最高のポストのことである）。府の教育委員会のナンバー1とナンバー2のポジションに就いた人たちの声を、ここで紹介しておきたい。

まず、中西氏である。氏の教育長在任期間は、2008年から2013年まで。文字通り橋下府知事のもとでの教育行政の屋台骨を支えた人であった。以下では、最近出版されたご本人の著作『大阪の教育行政』（2020）にもとづいて、氏の教育長としての仕事について振り返ってみたい。

氏は39年間にわたって、大阪府庁で公務員ひと筋の生活を送った。その最後に就いたのが教育長のポストである。橋下知事が誕生した時点では、氏は総務部長であった。府の総番頭さんのような仕事である。しばらくして、橋下氏から教育長をやらないかという打診があり、数日間悩んだという。総務部長になる前に教育次長という役職に就き、すばらしい校長や指導主事に出会うなかでもう一度教育委員会で働きたいという気持ちをもつ一方で、当時の厳しい状況の中で自分に務まるのかという不安やためらいがあったという。というのも、ご記憶にある方もおられると思うが、知事に就任早々に橋下氏の「クソ教育委員会」発言があり、子どもたちの学力向上をめぐって府の教育界は騒然としていたからである。

氏は、以下の3点を肝に銘じて就任を受諾したという（中西 2021、21－22頁）。

・教員免許も持たない行政マンとして、教育の担い手である教師から学ぶ姿勢を持ち続けるとともに、教師が働きやすい条件整備に全力を尽くすこと。
・校長や市町村教育委員会と議論を尽くし、その合意形成を大切にすること。
・新自由主義的な教育観が強調されるなかで、「子ども一人ひとりの力を伸ばす教育」とそのための「教育の底上げ」の視点を重視すること。

とりわけ第三のポイントは、きわめて重要である。表現こそ違え、それは、卓越性（＝一人ひとりの力を伸ばす）と公正（＝教育の底上げ）の両方が大切であることをうたっているからである。

2011年、大阪維新の会は「教育基本条例」案を提出した。その案を見て、中西教育長はわが目を疑ったという。そこには以下のような項目が並んでいた（中西 前掲著、117－118頁）。

・教育委員が目標実現の責務を果たさない場合、知事は委員を罷免ができる。
・すべての府立学校長を任期付き公募校長にする。
・教員評価を相対評価に替え、2年連続で最低評価なら分限免職にする。
・2013年に府立高校の学区を全廃する。
・3年連続して定員割れした府立高校は廃止する。
・小中学校における学力テストの結果を、市町村別・学校別に公開する。

それ以来、知事と府教委との攻防の日々が続いた。教育長以外の5人の教育委員は、もし条例案がこのまま通れば、全員が辞任するという声明を出した。さらに大阪では、筆者もメンバーに入った「異議あり！『大阪府教育基本条例案』100人委員会」が立ち上げられ、広範な反対運動が展開された。それらの動向やその結果として原案がどのように修正されたかについては、前出の中西氏の著作以外にも、筆者が2012年に出した本（『検証 大阪の教育改革』）にも詳述しているので、ぜひご覧いただければと思う。

たとえば、「3年連続して定員割れした府立高校は廃止する」という案は、最終的には「3年連続で定員割れをし、改善の見込みがない学校は、再編整備の対象になる」という文言に修正された。似たようなものだと思われるかもしれないが、「再編整備」という言葉は、学科の再編など当該学校単独改変をふくむものであり、当初案の「（自動的な）廃止」とは大きく異なるものとなっている。

筆者は、前掲著のなかで、次のようなコメントを残した。

「こうして教育基本条例をめぐる維新の会と府教委との『バトル』は、『痛み分け』とでも表現してよい結着を迎えることになった。率直に言って、2011年11月27日のダブル選挙が終わった時点では、私はこのような結末になるとは思っていなかった。維新の会の当初案が、ほぼそのままの形で通ってしまうと悲観的に考えていたのである。『新進気鋭』の維新の会が派手に仕掛けてくる『立ち技』に対して、『ベテラン』の府教委が巧みな『寝技』に持ち込み、勝負を何とか延長戦に持ち込んだというところであろうか」(志水 2012、48頁)

引用中の「ダブル選挙」とは、府知事選と大阪市長選の同時実施のことであり、府知事の橋下氏が大阪市長に鞍替えし、逆に松井大阪市長が府知事に立候補するというものであった。両者はいずれも大差で勝利し、維新の会は「民意、我にあり」との確信を得たはずである。府知事が松井氏となって数ヶ月後、中西教育長は定年で職を去ることとなった。次の引用は、退任あいさつからのものである。

「あらためて、教育には、様々な環境で育つ子どもたちの力を引き出し、無限の可能性を育む力があるのだと実感しました。(中略)今、子どもたちを取り巻く状況はますます厳しく、課題は山積しており、教育委員会制度の見直しの議論など、大きな転換点にさしかかっていますが、これからも、知事と教育委員会、府と市町村、教育委員会と学校現場が、しっかりと連携を強化し、そして何よりも教員の皆さんが心を一つに力を合わせて、全ての子どもの学びを支援する大阪の教育が、ゆるぎなく発展していきますことを切に願っております」（中西 前掲著、174−175頁）

中西氏の言葉は、教育行政にかかわる諸アクターの「連携の強化」を願う言葉で締めくくられている。「四面楚歌では教育行政はできない」、中西氏のメッセージは、そのことを伝えてくれている。

続いて登場願うのは、橋本光能氏である。中西氏が、大阪府庁という巨大な役所の組織から教育委員会に降り立った人物であるのに対して、府立高校という学校現場から登りつめ、学校現場のトップに立ったのが橋本氏である。氏の府教委勤務は1999年にスタートした。2011年から2年間は校長として現場に戻ったが、2013年に府教委に戻り、高等学校課長・教育振興室長を経て2017年から2年間教育監を務めた。

氏は、公正の原理を重んじてきた大阪の教育をこよなく愛する人物である。大阪の現状を次のように捉えている。

「この10年は新自由主義に席巻されてるなっていう気がしますね。橋下さんが知事になったことも大きいし、維新が議会で過半数を取ったことも大きいし。私学が無償化されて、公私間の定員配分が撤廃されたり。一番大きいのが条例の成立やと思うんですけど。その後も高校の学区が撤廃されたり、成績評価に絶対評価が導入されたり。そんなことがずーっと毎年のようにこれでもか、これでもかって。やっぱり教員不信とか学校不信というのが根底にあって、そこに橋下さんが来てああいう形で。あの人も学校ぎらいな人なんで」（2020年12月25日に行ったインタビューより）

地域や個別学校の状況にもよるが、基本的に日本の学校の教員組織は水平的に構成されており、個々の教師は初任者の段階から「一人前」の存在として扱われる。子どもや保護者の側から見ても、教師はすべて「先生」、担任はベテランであっても初任者であっても等しく「担任の先生」である。それに対して、教育行政は別の世界である。それは純然たる役所の組織によって遂行されるものであり、他の部署と同様に、教育委員会も上から下への命令系統が貫かれている。そのもとで教育行政担当者は、ある意味イエスマンたらざるを得ない。上から降りてきた指令を粛々とこなしていくのが「お役人」と呼ばれる彼らの任務となる。

学校現場から教育委員会に異動する教師たちは、そうした職場環境の違いに誰しも戸惑うわけであるが、熱血派の橋本氏にはとりわけそのストレスは大きかったようである。橋下知事は「これでもか、これでもか」と新自由主義的施策を断行しようとする。その「部下」となった橋本氏には、胃の痛くなるような日々が続いたに違いない。

橋本氏は、本章のテーマである、卓越性と公正（以下に引用した氏の文章では、「公平性」と表記されている）とのかねあいという課題について、どのように捉えていたのだろうか。以下は、それを端的に示す氏の文章である。


「『卓越性』と『公平性』は二律背反のものではない。したがって、進学志向の強い高校は『卓越性』を、進路多様校は『公平性』をミッションとするといった短絡的なものではない。すべての生徒の力を最大限に伸ばし、すべての学校が『入ってよかった』学校となるよう、すべての学校において、すべての生徒に対して『卓越性』と『公平性』の両方を高水準で追求することが理念の根本である。」（橋本 2018、17頁）

非常に明確である。「両者を高水準で追求すること」が、氏の理念である。

橋本氏が府教委で敏腕をふるった時期には、学業・進学面での卓越性を先端的に追求する施策として、「グローバルリーダーズハイスクール」の取り組みが展開された。大阪はかつて9学区制を敷いていたが、それらの学区のトップ校を中心とする10校を選び、大阪の公立高校を引っ張る存在として重点的にサポートしたのである。その一方で、橋本氏がエネルギーを注いだのがエンパワメントスクールの設置である。エンパワメントスクールとは、『学び直し』と『自立』を支援するための高校」と説明される。2015年の3校を皮切りに、現在8つのエンパワメントスクールが存在している。橋本氏は言う。

「維新とか自民党とか、そういう保守勢力が圧倒的ですんで、やっぱり卓越性の方にみんな行くんですよね。英語の重視もそうやし、グローバルリーダーズハイスクールっていう名称で10校指定したのもそうですし。それも大事かなって。ぼくは否定もしませんけどね。ただやっぱり大阪府教育委員会の姿勢としてね、どっちも大事にしているっていうことを示さないとアカンので。

予算のことをとやかく言える権限がぼくについたのが課長時代ぐらいからですけど、少なくとも卓越性の施策にはたくさんお金をかけてましたから、その分しんどい子を支える施策も見えるように予算化しようとしましたね。例えば、一番やりたかったのが、エンパワメントスクールやったんですよ。あれは結構思い切ってやりました。学級定員を35人にして、入試のやり方も大きく変えて。10校つくる計画を立ててましたけど、ちょっと8校で止まってますね。最近思わしくないんですよ。生徒の集まり具合が。学校によるんですけど。

ぼくには、こだわりがあって。今まで高校は適格者主義というか、一定の勉強ができる子をペーパーテストで選ぶという思想やったじゃないですか。でも、小学校の低学年でつまずいた子もおるしね。で、『小学校でつまずいてる子おいで!』っていうふうに言ったんですね。批判もありましたよ。『ほんならそのエンパワメントスクールは、勉強できひん子ばっかり行ってる学校やっていうレッテル貼るんか』とかね。だけど、何もしないでグチをこぼすより、やることやって、ちょっとでもこぼれる子を減らそうとぼくは思って。人材も厚く配置し、座学だけと違って、いろんな体験活動等を重視しました。当時の教育長とかもやれって言うてくれはったんでね」（20

20年12月25日に行ったインタビューより）

府立高校の卓越性の砦としての「グローバルリーダーズハイスクール」と、大阪が大事にしてきた公正の概念を体現した「エンパワメントスクール」。この2つを創出したことが、教育行政担当者としての橋本氏の大きな功績であった。そしてその時期は、先に見た中西教育長の在任期間と重なっている。中西氏と橋本氏がタッグを組んで、異色の政治家橋下氏が突きつけてくる「難題」に対して粘り強く対応し、大阪的な「解」を見出していったと総括できるのである。

橋下府知事の誕生から十数年が過ぎた。当初は、この維新人気もやがては陰ってくるだろうと考えられていたが、実際にはそうならなかった。大阪における維新人気には根強いものがあり、2021年の衆議院議員総選挙では、大阪の19小選挙区の議席の大部分を維新の候補が獲得するという結果となった。維新は今日、大阪府では「与党」としての地位を確固たるものとしている。

教育界にとっては、逆風の時代が続くということである。大阪府の中心である大阪市では、市長に転じた橋下氏（当時）の強い意向により2014年から学校選択制が敷かれるようになった。4章において、西成区の事例を見たように、学校選択制は学校を「勝ち組」と「負け組」に分化させる機能を有している。ペアレントクラシーを背景とする新自由主義的教育政策は、公正の原理をないがしろにし、必然的に格差や不平等を増大させる作用を持つという否定的な評価をせざるを得ない。中西氏や橋本氏のあとを引き継ぐような教育行政担当者が大阪に出てくることを願ってやまない。

5　新たな突破口——教育機会確保法をめぐって

教育機会確保法

目を今一度、国の教育政策に転じてみることにしよう。

1〜2節では、1990年代以降、日本の教育政策は、ペアレントクラシーの進行を背景として、新自由主義的色彩が強まりつつあると述べた。基本的な方向性はそうなっている。とりわけ、2007年以降の全国学テの実施とともに、教育の卓越性がこれまで以上に重視される風潮が強まっていると指摘することができよう。そうした状況のなか、公正原理の方はどうなっているのだろうか。

筆者らの研究によると、世界的な学力競争の激化という環境下で、多くの国々では卓越性（＝学力水準の向上）とともに、公正（＝学力格差の是正）が追求されていたのに対して、日本では、後者の側面は驚くほど鈍かったという経緯がある（志水・鈴木編 2012：志水・山田編 2015）。学力格差をはじめとするさまざまな教育格差の是正というテーマの追求は、今後の日本の教育界においてはもっと優先順位が高められてしかるべきである。

その点で注目されるのが、2016年に成立した「教育機会確保法」である。

この法律の正式名称は、「義務教育の段階における普通教育に相当する教育の機会の確保等に関する法律」である。この法律は、自民党・公明党・民進党（当時）などの超党派の議員立法として成立したもので、その実現にあたっては元文部科学省事務次官の前川喜平氏が大きな役割を果たしたと言われている（前川 2018）。その名称に体現されているように、この法律は、すべての人が「義務教育段階の普通教育」を受けられる機会を得ることを目的としたものである。関西出身の前川氏は、文科官僚のなかでもとりわけ公正原理を重視した人物ではなかったかと筆者には思われる。氏が国の教育行政担当のトップにいた時期に、このユニークな法律が成立したわけである。

ところで、十分な義務教育を受けられない人など今どきいるのかと、読者の皆さんはいぶかしく思われるかもしれない。実際にいるのである。それが、今日の日本の厳然たる事実である。では、それはどんな人か。具体的に言うと、それはたとえば「不登校児」であったり、「外国人」であったりする。

この法律の背景には、フリースクール関係者と夜間中学関係者の動きがあったとされている。フリースクールとは、不登校になった子どもたちを中心とする、通常の学校にはなじめない子どもたちが学ぶ場所の総称である。また、夜間中学とは、十分な教育を受けられなかった在日コリアンの人々の学びの場を主なルーツとするもので、主として公立中学校の校舎・教室を利用し夜に授業が行われる場の総称である。

フリースクール関係者は、通常の小・中学校に行けない、あるいは行かない子どもたちの多様な学びを国は認めるべきだというスタンスで、この法律の成立を後押ししたといわれている。今日では、フリースクールに通う小・中学生は、正規に在籍している小・中学校の卒業証書をもらえることになっているが、フリースクール関係者の主張は、フリースクールでの学びを通常の学校での学びと同等に扱うべきだというものである。

十全に保障されていないマイノリティーの「学ぶ権利」

他方、夜間中学関係者は、外国人をはじめとするさまざまな立場を有する地域住民に義務教育を保障するべきだという観点から、この法律に夜間中学のさらなる充実を求めた。今日の日本の法律では、外国人は就学する必要はない。「通学したければ通学してもよい」というスタンスである。その選択肢はいわば「恩恵」として与えられているのであり、きつい表現を使うなら、外国人には学校で学ぶ権利が十全には保障されていないということである。

「多様な学びの場の保障」と「公立学校における義務教育の保障」、この2つは、対照的なベクトルをもつとも言えなくはないが、いわば「呉越同舟（ごえつどうしゅう）」の形で、2つのグループは教育機会確保法の後ろ盾となったのだった。

これまでの国の教育政策の流れからすると、この法律の趣旨はきわめて異例なものだと言わねばならない。いわゆる「マイノリティー」の視点から、公教育システムの整備拡充を求めるものだからである。ただ、ある意味この法律は、時代の流れのなかから必然的に出てきたものと指摘できる。ペアレントクラシーのなかで、「勝ち組」と「負け組」との格差はいやが上にも広がっている。そうした状況についての危機感が、中央の政治家や教育行政担当者の中にも、遅ればせながら醸成されてきたのであろう。もちろんその背景には、公教育システムの恩恵を受けることが難しいマイノリティーの人々の「下からの声」があったことを忘れてはならない。

先にも述べたように、現代の教育行政は、各方面からのさまざまな声を受け止め、バランスのとれた舵取りを行っていくことが求められている。最適な解を見出すことは至難の業である。できることはおそらく、その時々でよりよい解を見つけ、それを着実に積み重ねていくことであろう。子どもたちの未来は、その舵取りに委ねられている。

第6章
脱ペアレントクラシーへの道

1　はじめに

私たちに何ができるか

2〜5章では、現代のペアレントクラシーの諸相を、「子ども」「保護者」「学校・教師」「教育行政」という四者の視座から明らかにしてきた。できるだけ事態を立体的に描き出したいと考えたのだが、はたしてその試みはうまくいっただろうか。読者の皆さんは、ペアレントクラシーの現実をどのようにお感じになっただろうか。そしてそれを、どのように評価されるだろうか。

ある見方をすれば、ペアレントクラシーの社会は、生まれや家柄によって人生が決まっていたかつてのアリストクラシーの社会の「焼き直し」と言えるものである。筆者は、それが望ましい社会の姿であるとは思わない。1章で述べたように、アリストクラシーの世の中、つまり身分制社会を乗り越えるために成立したのが、メリトクラシーの社会であった。それは、個人の能力と努力がものをいう社会である。よりましな社会をつくろうと、その道を推し進めてきた結果としてもたらされつつあるのが、ペアレントクラシーの世の中である。何と皮肉なことだろう。「能力と努力」の尊重が、ペアレントクラシーという名の新たな身分社会をつくり出しているのである。

まさか元のアリストクラシーの社会に戻るわけにはいかない。と言って、このままメリトクラシーの原理を無批判に採用し続けるなら、生まれた家庭によって子どもたちの運命が決定的に左右される、無慈悲なペアレントクラシー社会の到来が不可避である。とは言うものの、まだ勝負が決まったというわけではない。純粋なペアレントクラシー社会への道を直線的にいかないために、私たちには何ができるだろうか。それを考えるのが、本章のテーマとなる。

改めて日本社会の歴史を、学校教育と人々とのかかわりという観点から振り返ってみることにしよう。図表6－1をごらんいただきたい。

これはある時、筆者の頭のなかに浮かんできた図式である。5つの英語の助動詞を使って、人々と学校教育とのかかわりの変化を表現してみたものである。

第二次世界大戦終戦までの時期は、〈canの時代〉と名づけることができる。それは、

図表6−1　人々と学校教育とのかかわり

〜1945年　＜canの時代＞	行ける者だけが行く
▼	
1945年〜　＜shouldの時代＞	できるだけ行くべき
▼	
1970年〜　＜mustの時代＞	行かなければならない
▼	
1990年〜　＜mayの時代＞	行かなくてもよい
▼	
2010年〜　＜willの時代＞	行きたいところへ行く

学校に行くことができる豊かな・恵まれた階層の子どもたちだけがその恩恵を享受できた時代である。戦前期の中等教育進学率は２割程度、高等教育進学率に至っては数％程度であった。戦後に入り、１９７０年あたりまでの時期、おおむね高度経済成長期と言えるだろうが、この時期は〈shouldの時代〉と呼ぶことができる。中等教育および高等教育進学率が急速に拡大していったのが、この時期である。できるだけ多くの子どもが、できるだけ長く教育を受けることが目指されたのであった。やがて、後期中等教育はほぼ普遍化し、高等教育も大衆化の局面（進学率４割程度）を迎えた。１９７０年代のことである。この時期は、上級学校に進学することがすべての子どもに期待された。〈mustの時代〉と称することができるだろう。逆に、学校からドロップアウ

トすることは「逸脱」とみなされ、期待に応えることができない子には「烙印(らくいん)」が押される傾向が強まった。

流れが変わったのが1990年代である。先にも見たように、ペアレントクラシーという用語が生み出され、新自由主義的な風潮が広がったのがこの時期である。日本では、それまで「登校拒否」と呼ばれていた現象が「不登校」と呼ばれるようになった。そして、「学校に行かないのも選択肢の一つ」とみなされるようになってきたのだった。〈mayの時代〉の始まりである。多様な種類の学校が存在するようになり、選択の自由が強調されるようになった。そして、2010年あたりから現時点にいたる時期は、〈willの時代〉と呼ぶことができる。この時代は、どの教育段階まで行くか・行かないか、そしてどの学校を選択するか・しないかに関して、保護者そして子どもたちの「意思」(will)が尊重される時代である。現代では、選択肢の多様性と選択の自由が極端に重視されるため、実質的に「選べない」層の行動も「選んだ」結果として正当化されがちとなる。すなわち、「自己責任」と位置づけられ、社会やシステムの側の問題が等閑視されてしまうのである。

以下では、次のような手順で、脱ペアレントクラシーへの道について検討を加える。まず2節では、阪大生たちに今一度登場してもらい、彼らが考えるペアレントクラシー克服の手立てを紹介する。それをふまえて、続く3節では「実態としてのペアレントクラシー」、4節では「理念としてのペアレントクラシー」というトピックについて、筆者なりの考えを展開してみたい。前者には学校教育の内容や教育行政の課題が、後者には社会全体のあり方の問題がふくまれることになる。最後の5節では、まとめとして人の幸せについて改めて振り返り、公教育の果たす役割についての提案を行いたい。

2　阪大生が考える克服策

学生たちの回答

第2章では、私が教鞭をとる大阪大学の学生たちの「ペアレントクラシー体験」について検討を加えた。具体的には、いくつかの項目について文章を作成してもらったなかからピックアップして内容紹介をしたのだが、最後の項目として「どうすればペアレントクラシーを克服できるだろうか」という問いを設定した。ここでは、その項目についての回答を整理して、紹介することにしたい。

数多くの回答を分類したところ、以下の5つのテーマが浮かび上がってきた。

①　しんどい層を経済的に支える
②　しんどい層を文化的・社会関係的に支える
③　親の影響力を相対化する

④　学校教育の中身を問い直す
⑤　社会の意識・価値観を変える

目立った意見は、教育格差の下方に位置する層（＝しんどい層）を支えることで格差の縮小を図るというものである。そして、その意見には大きく分けて2つのタイプがあった。すなわち、①経済的に支える、②それ以外の面（文化的あるいは社会関係的な側面）で支えるという2つ。まず、①に関する意見を並べてみる。順に見ていこう。

①　しんどい層を経済的に支える

（a）「教育そのものとは離れた所得格差や貧困の対策が必要である。」
（b）「経済的に困難な環境にある層の高等教育進学を促進するために給付型奨学金や授業料免除制度の拡充が必要。」
（c）「教育を選択できない層が教育を選択できるように支援するしかない。高校の完全無償化など。」

これについては、解説する必要もないだろう。経済的な支援が第一歩ということである。

② **しんどい層を文化的・社会関係的に支える**

(d)「低い社会階層の親子を行政が物的・経済的に支援する制度を整えたり、地域社会における社会関係資本を蓄積することであらゆる階層の相互扶助を振興したりする。」

(e)「家庭における文化資本がない層には、学校や児童館でさまざまな楽器・本・芸術にふれる機会や小学校高学年のうちに多様な進路や価値観に揉まれる機会を設ける。」

(f)「『教育を操る人』『教育を選ぶ人』の自由や選択を制限してはならないと考える。保護者の自由や選択を重視することが、子ども自身の自由や選択の重視につながる。他方、『教育を受ける人』『教育を受けられない人』をエンパワメントすることで、誰もが制限を受けることなく選択できるようにすることが必要。」

(g)「課題を克服するためのプラットフォームになりうるのは、やはり『公立学校』であると考えます。家庭や学校外での学習環境の整備が難しい子には、学校を開放することができます。」

（h）「親が子どもをどう育てようとそれは親の自由だが、それが子どもの自由を侵害することがあってはならない。せめて『落ちぶれている』感に悩む子どもたちが救われるよう、公教育が底上げの役割を果たす必要はある。」
（i）「十分な教育投資がされない子どもの教育効果を高めるために、ＩＣＴの導入で子どもに合わせた教育をするなどの方策をとる。」
（j）「取り残されてしまった低学力層の子どもたちに、放課後授業や習熟度指導などの勉学面での支援のほか、班長や係の長など責任ある仕事を任せることで自己肯定感を向上させるなどの手立てをとる。」
（k）「高度な学習指導や個人が興味を持った分野の習い事に、貧困層を含めたすべての子どもたちがアクセスできる環境をつくっていくこと。」
（l）「選択ができない層でも社会移動が目指せるだけの教育を与えることが必要である。ＮＰＯやソーシャルワーカー、教員、家庭、地域が一体となってしんどい層を支えることが必要。」

これについては、たくさんの意見が集まった。「社会関係資本」（d）、「文化資本」（e）、

「エンパワメント」（f）などは、筆者の授業においても重要なキーワードとして何度も語った学術用語である。わかりやすく言うなら、「社会関係資本」とは「人間関係が生み出す力」、「文化資本」とは「学校で成功するために必要な文化的素養や親の学歴」、「エンパワメント」とは、「自分の内なる可能性に気づき、さまざまな能力を伸ばしていくこと」を意味する。

「公立学校」（g）、「公教育」（h）の役割を重視する意見があるのと同様に、授業外・学校外での学び・サポートを指摘する声もある（j、k、l）。

③ 親の影響力を相対化する

この3番目の項目は、阪大生ならではのものではないかと言いうる。2章で見たように、親の影響力や介入の強さを苦々しく感じている阪大生がいた。いわば、「親の呪縛からの解放」が、彼らの成長の過程における一つのクリアすべき課題だと言えるのである。阪大生のマジョリティーは、教育格差の上方に位置する層である。彼らには彼らの「しんどさ」がある。

（m）「親の介入や影響力を小さくするために、親が用意した選択肢以外を子どもが知る機会を家庭の外で作ることや学校の選択肢を増やすのを高校以降にすることを提案する。」
（n）「親が子ども自身の意思を尊重できるようにしっかり話し合いの時間をとるべきだろう。また、選択肢も絞ったものだけでなく、考えられる選択肢をフェアに見せていく必要もある。親が学びなおす時間をつくっていく。」
（o）「こどもが『親に強制された』と感じないよう、様々な選択肢を見える化してあげることが必要だと感じます。」
（p）「親以外からの情報提供の充実が必要。学校で塾や受験校についての説明をするなど。情報提供だけで埋められない差もあるので、保護者会等で理想的な学習習慣について話す機会を設けるなど、親同士の交流を活発にする。」
（q）「ペアレントクラシーの壁を一つでも多く乗り越えるためには『人との出会い』が必要。親以外の人、特に大人と話してみることが大事なのではないか。
自分も大学に来て、たくさんの人との出会いのなかで、物事を考える時の視野の広がりや成人としての責任感の重みを強く感じることができた。」
（r）「学校教育の権威や役割を縮小し、地域での教育が担う役割を拡大することが必要。

教育のための時間や精神、経済に比較的余裕のある高齢者が増加することは、裏を返せば地域での教育、インフォーマルな教育へ回帰しやすい環境につながる。」

親が提示する以外の「選択肢」（m、n、o）が最大のキーワードとなっているようである。そのために、「親同士の交流」（p）、「人との出会い」（q）、「地域での教育」（r）などのアイディアが提示されている。

④　学校教育の中身を問い直す

右に挙げた①と②は「格差の下方」、③は主として「格差の上方」にいる層への働きかけであったが、この④は、特定の層をターゲットにするというよりは、すべての子どもたちにとっての「学校での学び」を変革しようという志向性を持つ意見である。

（s）「公立学校の内容を充実させることが必要。得意なことを伸ばす、全員が積極的に参加できるようなカリキュラムのもとで教育を推進すれば、受験だけに目がいく割合も減るだろう。」

（t）「学業以外にも多様性理解や他者とのかかわり方、幅広い視野の確保も教育の重大な要素であるという考えへの意識の変化を促すことが重要。そのために、学校に教師以外の人材を登用する、学校間の交流を促進するなどの手立てを考えることができる。」

（u）「学校は、『いろんな人がいる』ということを実感するための場所であり、その中で『自分はどう生きるか、どう楽しむかを見出す場所』であるという認識を強める必要がある。」

（v）「人権教育の取り組みが必要である。いろいろな人が存在するということを身をもって知り、自分と違う考えの人たちと一緒に生活していくための工夫を凝らす余地をもった学校環境をつくり出すこと。」

（w）「学力以外のことも学ぶ場所が学校であるならば、成績を学力だけで測るのではなく、フィンランドのようにそれぞれの個性に注目して判断するべきではないのか。」

「得意なことを伸ばす、全員が積極的に参加できるようなカリキュラム」（s）、「多様性理解や他者とのかかわり方、幅広い視野の確保」（t）、「『いろんな人がいる』ということを実感するための場所」（u）、「自分と違う考えの人たちと一緒に生活していくための工夫を凝らす余地」（v）のほか、成績の判断基準を変える（w）など、いずれの意見ももっともなものだと筆者には思える。

⑤ **社会の意識・価値観を変える**

最後は、広く社会のあり方、人々の考え方にかかわる指摘である。

（x）「『よりよい教育＝新自由主義的社会において勝ち抜く力を育むための教育』という社会通念が跋扈（ばっこ）している。そもそもこの社会通念から問い直す必要がある。教育だけ変えても、本質的な変化を生み出すことはできないだろう。」

（y）「公立学校を『よりよい学校』にすること、そしてこちらがより難しいが、人々の持つ『よりよい学校の定義』に多様性を持たせること。」

「『きびしい競争社会を勝ち抜くための力を育むことがよりよい教育だ』という通念を変えないかぎり、教育だけ変えてもダメだ」というxさんの指摘は鋭く、筆者もその通りだと思う。yさんの言う「『よりよい学校の定義』に多様性を持たせること」も、結局は同じ主張である。社会が変わらないと、教育だけでは限界があるという指摘は、おそらく正しい。しかしながら、教育こそが社会を変える重要なモーメントになりうるということも、また確かであろう。

以上が、阪大生の声である。以下では、筆者自身の考えを展開してみることにしたい。

3　実態としてのペアレントクラシーをどう克服するか

格差化のプロセス

ペアレントクラシーという言葉を生み出したイギリスの教育社会学者ブラウンの議論にもとづいて、第1章では、ペアレントクラシーには「実態としての側面」と「理念としての側面」の2つがあると指摘した。ここではその2つを分けて、議論を進めていきたい。まず前者の「実態としてのペアレントクラシー」という問題である。

第1章ではその実態を、①二世化、②サラブレッド化、③格差化という3つのキーワードのもとに整理した。①の二世化とは、各界で二世と呼ばれる人が増えていること、②のサラブレッド化とは、毛並みのよさが問われる社会になっていること、そして③の格差化とは、とりわけ教育の世界においてさまざまな格差が広がっていることを意味するものとした。その三者の関係を考えると、①や②の土台として③が存在している、と捉えることができる。したがってここでは、③の格差化という問題に焦点をしぼって議論してみるこ

図表6－2
家庭環境の格差化のプロセス

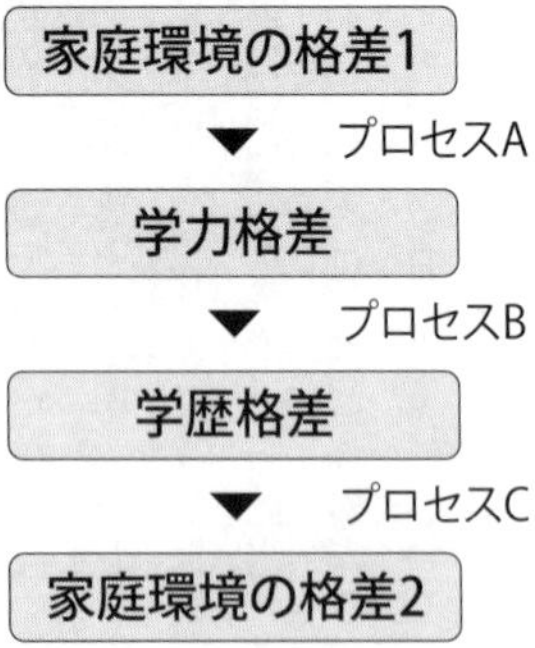

家庭環境の格差1
▼ プロセスA
学力格差
▼ プロセスB
学歴格差
▼ プロセスC
家庭環境の格差2

とにしよう。

格差化の問題を改めて定式化すると、次のように言うことができる。すなわち、「家庭環境の格差が学力の格差につながり、さらに学歴の格差を生み出している。その結果として、最初にあった家庭環境の格差が拡大再生産していくことになる。」図示すると、上のようになる。

図に示された格差化のプロセスは、3つの矢印（▼）が合成されたものだと分析的に捉えることができる。「プロセスA」とは、「家庭環境の格差が子どもたちの間の学力格差につながるプロセス」を、「プロセスB」とは、「学力の格差が学歴の格差を生み出すプロセス」を、そして「プロセスC」とは、「人々の間の学歴格差がさらなる家庭環境の格差を導くプロセス」を意味し、それらが組み合わさって教育格差の世代間再生産の構造を成り立たせることになる。

この格差化のプロセスが強化されることによって、今日「親ガチャ」という言葉で表現されるような現実が存在感を増してきているのである。ここでの課題は、そのプロセスを少しでも緩和することである。

3つの部分に分けて、順に見ていくことにしよう。

まずプロセスA、すなわち家庭環境の格差が学力格差につながっていくプロセスについてである。ここでの最大の課題は、「いかにしんどい層を支えるか」という問題であると筆者は考えている。

そもそも学力格差の是正というと、できる層とできない層とのギャップを小さくすることだと考える人が多いだろう。そのためには、できない層の点数を引き上げることとできる層の点数を抑止するという2つの選択肢が考えられる。前者はまっとうな筋道であるが、後者を採ることは望ましくないし、正しくもない。できる層はもっともっとできるようになればよい。その結果として、両者の間の開きがより大きくなることもありえるが、それはたいした問題ではないと筆者は考える。問題は、「できない層をいかに下支えするか」である。彼らが生きていくうえで必要となる知識や技能、さらには価値観や態度といったものを着実に獲得・形成できているかどうかが重要である。そしてそれこそが、公正原理を重んじる公教育の第一の使命である。

家庭環境の違いがいかに子どもたちの間の学力格差に関連しているかという問いは、教育社会学のメインテーマの一つである。筆者自身も、この20年間というもの、その実態と改善の方途を探るための調査研究に従事してきた。「家庭環境の格差」をどう捉えるかについては多くの議論があるが、今日最も広範に利用されているのが、先の阪大生の意見にも出てきたP・ブルデューの理論枠組みである。それは、家庭環境を、保護者が所有する「経済資本」「文化資本」「社会関係資本」という三者で捉えようという見方である。そこから、しんどい子どもたち（＝十分な資本を享受できない子どもたち）を支えるためには、学校および学校外での働きかけによって、子どもたちが利用しうる経済・文化・社会関係資本の質と量を充実させることが必要だという主張が出てくる。すなわち、経済的裏づけ、文化的・教育的な環境の改善、そして子どもたちを取り巻く人間関係のつながりの強化が彼らのエンパワメントにつながり、学力向上をもたらすと考えられるのである。

次にプロセスB、すなわち学力格差が学歴格差を生み出すプロセスについてである。ここでの問題は、いささか古い言葉となるが、「いかに偏差値輪切り体制を克服するか」という課題である。

現代においては、あらゆる国において、どの学校に行くか、どの段階まで教育システムを利用するかはその個人が持つ学力に規定される度合いが強まっている。なぜなら、ほぼすべての国がメリトクラシーを採用しているからである。しかしながら、他の国と比べても、日本では学力と学歴との相関関係がひときわ強いように思われる。そして、阪大生の文章にもあったように、高い学力を有する子どもたちは、親があらかじめ敷いたレールのうえを半ば自動的に進んでいくことによって、偏差値の高い大学に入学する傾向がきわめて強い。つまり日本は、得た学力によってどのような人生ルートをたどるかが定まってくる度合いがとても高い社会だと言えるのだ。

阪大生たちが語ってくれているように、もし高校までの段階で、学校教育を通じて、あるいは地域等の場での他者との出会いを通じて、進路・仕事・人生についてのさまざまな「選択肢」にふれることができていたら、彼らは本当の意味での「選択の自由」を行使することができたかもしれない。学力の高い子が大学に行かなくても周囲からのプレッシャーを感じずにいられる社会、ある時点では学力が低かった人が、一念発起して高等教育を受けることが容易にできる社会、そうした社会をつくっていきたいものである。学力と学歴が全く無相関だという社会は、現代では考えにくい。ただ今日の日本のように、学力と学歴とが非常に緊密に結びついている社会も、正直言って窮屈である。その結びつきが比較的緩やかで、子どもたちが周囲のプレッシャーや無理解にさらされることなく、自ら納得できるような進路選択を行える教育環境を、私たちはつくっていきたい。

最後にプロセスC、すなわち人々の間の学歴格差がさらなる家庭環境の格差を導くプロセスについてである。率直に言って、いちばん手ごわいのがこの部分である。ペアレントクラシーの本丸と言ってよい部分である。

実態としてのペアレントクラシーを生み出しているのは、「子どもに幸せな生活を送ってほしい」という親の願いである。この願いは、広く言うなら、動物としての本能にもとづく、かなり普遍的なものだと言えるだろう。幸せを願いこそすれ、子の不幸を望む親はほとんどいないはずである。

問題は、何を幸せと考えるか、そしてその幸せはどうすれば手に入るか、である。最大公約数的に言うと、現代日本では「経済的に安定した暮らし」が幸せのベースになると考えられている。そしてその暮らしは、「いい大学に入る」ことによってもたらされる、と一般的には信じられている。もちろん、反例はいくつもある。きちんとした調査をすれば、その信念に対する反証をすることも十分に可能であろう。問題は、多くの人々がそう信じているということである。

高学歴の人々は、相対的には豊かな暮らしをしているし、その暮らしはやはり高い学歴によってもたらされたと考えているだろう。その結果として、自分に続く世代の者たち（子や孫）にも、できるだけ高い学歴をつけてやりたいと考えるはずである。その思いがペアレントクラシーの原動力となっている。高学歴家庭の文化資本レベルは高い。それが家庭での子育て・教育を通じて子どもたちにも受け継がれていく。経済資本も、その多くが教育という目的のためにつぎこまれることになる。保護者が有する社会関係資本（人間関係やネットワーク）も、子どもの教育のために頻繁に動員されることであろう。「家庭の富＋親の願望がモノをいう」という、ペアレントクラシーの定義通りの世界がそこに立ち現れることになる。

高学歴でない人々にとっては、そもそもが「負けいくさ」である。利用できる富も限定されているわけであるし、そもそも「子どもに高い学歴をつけたい！」という教育アスピレーションが押し並べて高いというわけではないのだから（もちろん、強いアスピレーションを持つ人たちもいるはずである）。「学校での成功をめぐる競争」というゲームのルールが変わらないかぎり、高学歴の人々とそうでない人々との戦いは「ハンディキャップレース」の様相を呈さざるを得ない。背の高い人がバスケットボールでは優位に立つ、ということと同様の理屈である。

学力格差の縮小を

まとめよう。教育の格差化を緩和するための介入ポイントは、前述の３つである。そのうち、一番手を入れにくいのが最後に挙げたプロセスＣであり、真ん中のプロセスＢがそれに次ぐ。逆に政策的・実践的にもっとも介入しやすいのが、プロセスＡ、すなわち学力格差を縮小するための取り組みである。

子どもたちの間の学力格差を縮小する手立てを最大限に採ろうというのが、ここでの結論である。さらに、学校内・学校外でのさまざまな働きかけを通じて、子どもたちに学力・学歴偏重以外の選択肢を多様な形で提示することにも注力しなければならない。子どもに幸せを！　という親の思いに根ざすペアレントクラシーを廃絶することはできないが、その弊害を極力少なくし、格差拡大の趨勢（すうせい）を緩和するには右記のような手立てを採用する必要がある。

4 理念としてのペアレントクラシーをどう評価するか

置き去りにされる人々

次に、理念としてのペアレントクラシーについて考えてみよう。それは、第1章でもふれたように、親の選択の自由を最大限に尊重しようとする政治スタンスのことである。これまで縷々見てきた通り、それは新自由主義的教育改革ときわめて親和的である。

教育システムに多様性を持たせ、親や子の選択の自由を最大限に尊重するという考え方を表立って否定することは難しい。かつては「一つのベストなシステム」(the one best system) として運営されてきた日本の公教育システムであったが、時代が進むにつれその硬直性・画一性が問題視され、1990年代以降は「個性尊重」や「多様化」といったかけ声とともに規制緩和が進み、さまざまなタイプの学校や教育の中身が提供されるようになってきている。

この流れに逆行することはもはや困難である。ただその結果として、公教育と塾や習い事を中心とする私教育との境目が不鮮明となり、公教育の意義がぼやけはじめるという弊害が生じているように思われる。端的に言うなら、多様性や選択の自由の尊重といった考え方が、恵まれた層の私的欲求追求をオブラートにつつむレトリックとなっているのではないか、と感じるのである。ペアレントクラシーという語の生みの親であるイギリスのブラウンは、それを「ペアレントクラシー理念のイデオロギー作用」という言葉で表現した。公教育は万人に開かれており、そのメリットはすべての人に享受されなければならない。しかし現実には「得をする人」と「損をする人」に分化しており、その傾向がますます強化されているように思われるのである。

ペアレントクラシーは、現在の主流であるメリトクラシーの原理とは別物であるというよりは、その発展型として捉える方が適切である、とすでに述べた。すなわち、現在の日本社会は、個人の能力と努力が高く評価される社会である。しかし、家庭環境によってその「個人の能力と努力」が大きく規定され、親の富と願望とが幅を利かせるペアレントクラシーの社会だということである。そのなかで、できる層の対極に位置づけられる人々、つまり「能力のない」「努力をしない（できない）」とみなされる人々は、低く評価され、置き去りにされてしまうのが日本の現実である。その現実は、是正されなければならない。

アイソクラシー

メリトクラシーと対になる理念に、「アイソクラシー」がある（Bellanca 2019）。アイソクラシーとは、人間の絶対的平等を理想とし、人々が同じ政治力をもつ政体の実現をめざす考え方である（『社会学小辞典 新版』1997、有斐閣、592頁）。日本語では、「万民等権主義」と訳される。わかりやすく言うと、誰もが尊重され、平等の発言権をもつ社会といったイメージになるだろう。デモクラシー（＝民主主義）の理想にも近い言葉であると考えることができよう。

実際に、アイソクラシー社会がどのようなものであるかを思い描くことはむずかしい。小規模な原始共同体ならいざしらず、グローバル化した現代の大規模な国民国家において、「人々が同じ力をもつ」ことができる政治形態がありえるだろうか。率直に言って、その可能性は低い。したがってアイソクラシーは、実現可能な選択肢というよりは、目指すべき方向性あるいは近づいていくべき理想として位置づけるべきであろう。

以前の著作（志水 2020）において筆者は、「できる」ことと「ある」ことを等しく大切にする風土を教育の場につくり出すことを、私たちの目標の一つとして提示した（同前著234-235頁）。学校はそもそも「できないことをできるようにする」場として成立した。歴史的に言うと、それは厳然たる事実である。しかし、それだけでよいかというと、そうではないと思う。学校は学習の場であるのと同時に生活の場でもあることを忘れてはならない。家庭生活がそうであるように、あるいは地域での暮らしがそうであるように、生活の場にはさまざまな人が存在しているのであり、できる・できないにかかわらずその場の一員であることが尊重されなければならない。

教室という場に限定するならば、先天的・後天的な理由から障害のある子も、外国から来たばかりで日本語が不自由な子も、家が貧しくて満足にご飯が食べられない子も、勉強が不得意でわからないことだらけの子も、たしかな「居場所」をもち、何らかの「出番」が与えられなくてはならない。誰一人欠いてもこのクラスではないというセンスを、子どもたちに身につけてほしい。それが現代の公教育の重要な役割の一つだ、と筆者は強く思う。

第5章で、公正と卓越性という2つの原理を導入した。メリトクラシー、さらにはその発展形としてのペアレントクラシーのもとでは、どうしても卓越性の原理が優勢となりがちになる。「少しでもいい学校に行きたい」と考えるときの「いい学校」とは、「成績のよい子が集まる、評判のいい上級学校に進学するチャンスが高い学校」になりがちである。そうした傾向自体が悪い、あるいはそれは是正されるべきだ、とまでは言わない。しかし、それだけでよいということにはならない。

公正の第一原理化と卓越性の多元化を

筆者がここで提案したいのは、2つの事柄である。

第一に、公正の第一原理化が図られなければならない。教育を評価する際には、卓越性と公正の両面が考慮されるべきであるわけだが、まずは公正の原理が尊重されなければならない。一定の公正が実現したうえで卓越性が追求されるべきだと考えるのである。公正無視の卓越性は危険きわまりない。何よりも、子どもたちへのしわ寄せが懸念される。安全・安心な学校生活が送れ、どの子も尊重される教育風土のなかでこそ、子どもたちは自らの力を十二分に伸ばすことができる。

第二に、卓越性の多元化が求められる。学業価値一辺倒の卓越性は、多くの阪大生たちが自省していたように、大きく偏っており、子どもたちの成長に大きな影を落とす。「勉強ができる」ことのほかにも、たくさんの卓越性がありうる。「スポーツが得意である」

「音楽や芸術面に秀でている」「外国語や外国の文化に通じている」「手先が器用である」「お笑いセンスがある」「コミュニケーション能力が高い」「発想力や創造性に恵まれている」などなど。それらの卓越性が同様に尊重されるような教育の場をつくりたい。換言するなら、子どもたちの個性や多様性が輝くような「教育」を生み出したいのである。

5　おわりに

「好きなことができる」と「好きな人と」

ペアレントクラシーは、「子どもを幸せにしたい」という親心をベースにしていると書いた。では、一体幸せとは何だろうか。この問いに対する筆者の答えは、「幸せとは、好きな人と好きなことができる」というものである。

心理学者は、「幸せとは、幸せを感じることだ」という見解に立つ。いかにお金があろうとも、いかに恵まれた境遇にあろうとも、幸せだと感じないかぎり、その人は不幸せだとする。他方社会学者は、「幸せとは、多くの生活機会を享受できることだ」と考える場合が多い。ここで言う生活機会とは、よい仕事についたり、おいしいものを食べたりするチャンスのことである。いかに幸せだと思ってはいても、収入が少なかったり、難病にかかっていたりすると、それは幸せとは呼べない。「主観主義」対「客観主義」の対立だと表現することもできるかもしれない。

筆者は、両者の考え方はいずれも極端であり、定義としては不十分だと考える。そこで思いついたのが、「好きなことができる」と「好きな人と」という2つのキーワードであった。「好きなことができる」というのは、多くの人が「幸せ」の重要な要素だと思う事柄である。しかし筆者は、いくら好きなことができても、孤独な状態であればそれを真の幸せと呼ぶことはできないと考えている。そこには「好きな人と」という要素が不可欠だと思うのである。ここで言う「好きな人」とは、別に配偶者や恋人だけを指すわけではない。友人や同僚、親せきや近所の人もふくめ、一緒に時間を過ごしたいと思う人の総称が「好きな人」である。

では、ペアレントクラシー社会で重視される「よい学校に進む」とか、「質の高い教育を受ける」とかといった事柄が、本当に子どもの幸せにつながると言えるのか。たしかにそれらが成就すれば、高い学歴や条件のよい仕事につくチャンスは増えるので、社会学的意味での幸せには近づくのかもしれない。しかし、それと心理学的意味での幸せにはかなりの距離があると言わざるを得ない。

やはり肝心なのは、「いい学校」や「質の高い教育」の中身である。筆者は、学校という場は、子どもたちが「好きな人」や「好きなこと」を見つけるうえで必要な資質や態度を多面的に身につける場所だと考えている。テストの点数を上げることのみを目標とする教育によってそれらが身につくかというと、そうではないと言わざるを得ない。自分の人生にとって欠かせない「好きなこと」を見出すためには、幅広いたしかな「学力」が必要となってくる。また、多くの「好きな人」を見つけるためには、豊かな「人間性」や「社会性」の涵養(かんよう)が不可欠である。それらを育む経験や機会を提供するのが、公教育の務めである。受験に必要な知識やテクニックを身につけるだけではさびしいではないか。

公正が何たるかを経験する機会を

今求められているのは、公教育の「公」の部分の復権である。とりわけ「公立学校」の頑張りが期待される。

ペアレントクラシーのなかで、恵まれた社会層のなかには、子どものために必要な教育を自由に選択・購入しようとする人々がいる。彼らにとっては、その中身が公教育（学校）であるか、私教育（塾や習い事）であるかは、いわば二の次である。子どものためになるなら、どちらでもいいのだ。その結果として、公教育の内実が掘り崩されていくという現状が生じつつある。言葉を変えるなら、卓越性追求のために、公教育が大切にしてきた公正の原理がないがしろにされ、その中身が浸食されはじめているのである。

だが、恵まれた層の子どもたちにとって、一人ひとりを大切に考えるとか、弱い者の視点に立って行動するといった公正の考え方はどうでもいいのだろうか。もちろん、決してそうではない。むしろ、社会をリードする立場につく可能性が高い彼らには、公正の原理を体得させることが不可欠である。

未来の社会を構築していく次世代の子どもたちすべてに、公正原理の重要性を伝えていくこと。ただ伝達するだけでなく、ふだんの学校生活における人間的なかかわりのなかで、彼らが身をもって公正が何たるかを経験する機会を保障すること。脱ペアレントクラシーへの道は、そこにこそある。

エピローグ

2023年4月。

ケンタは相変わらず白球を追いかけている。

この4月に、無事高校生になることができた。北陸地方にある私立K学園。野球部特待生枠で、チームメイトのカイトとともに入学した。現在は、寮生活をしている。部員は3学年で百人近くおり、その多くが寮生だ。3年前に就任した監督さんは大阪出身、現役時代に全国制覇の経験があり、その手腕が期待されている。去年の夏K学園は、県予選でベスト4まで進んだ。創部以来初のことである。今年の3年生にはいい選手が揃っているため、OBや学校関係者は今年こそは甲子園！　と意気込んでいる。

中学時代の最後の大会前にケンタは肩を負傷して、完全燃焼することができなかった。チームもあと一歩というところで全国大会出場を逃した。しかし、俊足巧打のケンタは、監督さんのツテを生かしてK学園に進学することができたのだった。お母さんは念願が叶って大喜びし、今年高3になったお姉ちゃんと3人で、春休みに一泊二日の家族旅行を計画してくれた。行き先はお伊勢さん。行きの電車のなかから缶ビールで、お母さんは上機嫌。ケンタもお姉ちゃんも、記憶に残るかぎり初めての家族旅行を思う存分楽しんだ。その翌日に、ケンタは入寮した。以来、野球漬けの日々が続いている。望むところである。

将来プロ野球選手になるのがケンタ、そしてお母さんの夢である。K学園に入ることで、その第一歩はクリアできた。問題はここからである。K学園にはA〜Dの4チームが編成されている。特待生のケンタは今のところCチームメンバー。実績を上げAチームに昇格し、そして甲子園で活躍することが現在の目標である。週末の練習試合には、お母さんは大阪から車をとばして応援にかけつけてくれる。その度に「お母さんのために頑張らんと!」と、ケンタは思いを新たにするのである。

リオは家で机に向かうのは2時間までと決めている。それ以上は学校の勉強はしない。最近は、英語の小説を読んだり、南米の民族楽器を弾いたりして時間を過ごすことが多い。結局、寮の学校は中学でやめ、家から通える、より偏差値の高い私立高校に入り直した。

何かと制約の多い寮生活はもう十分だと感じたからである。さほど詰めて受験勉強をしたわけでもないが、首尾よく合格することができた。家に戻ってきたリオを、お父さんもお母さんも喜んで迎えてくれた。残念なのはコテツがいなくなったことだ。去年の暮れに老衰でこの世を去った。犬の寿命は短いと理屈ではわかるが、子どもの時から兄弟同然だった存在がいなくなった。その欠落感は大きい。でももうペットはいいや、と今のリオは感じている。高校生なのだから。

春休みに、お母さんが一週間の九州旅行に連れて行ってくれた。当初のプランはヨーロッパ旅行だったが、新型コロナの影響でとても行ける状況ではなく、延期となった。子どもの頃から、マレーシアやインドネシアに家族旅行に出かけることはあったが、ヨーロッパは初めてだったので、とても楽しみにしていたのだが、こればかりは仕方がない。留学したドイツやお隣のフランスにリオを連れて行くことが、お母さんの長年の夢らしい。いつ実現するかわからないが、その日が来るのが楽しみだ。今回は福岡から長崎・熊本を回った。初めての場所ばかりだったので十分楽しめた。仕事が忙しいお父さんが同行できなかったのが残念であったが。

リオは、いちおう東京大学の理科1類にターゲットをしぼっている。お父さんが卒業したところで、両親の期待はそこにある。自分としても、工学部に進み、将来はお父さんのようなエンジニアになれればな、とぼんやり思っている。ただし、本を読むことが好きで国語や英語が得意科目。楽器を弾くことも大好きで、その他にもあちこち目移りしてしまう。本当に理系に進むかどうか、まだわからないというのが正直なところだ。まあ、まだ時間はある。新しく入った高校のなかで、自分に合った進路を見出していければなと感じている。

橋下徹氏が大阪府知事になった日に生まれた2人は、今15歳である。ここ数年世界は、コロナ禍やウクライナ紛争で騒然としている。この先世界が、そして地球がどのようになっていくのだろうか。ケンタとリオの2人の未来が明るいものであることを心から祈念して、本書を閉じたいと思う。

あとがき

ケンタとリオの話はフィクションである。

最近見聞きした事柄のなかから複数の情報を組み合わせてストーリーをつくってみた。皆さんの身のまわりに、ケンタやリオに似た少年がいるかもしれない。あるいは、いないかもしれない。いずれにしても、突拍子もない話ではあるまい。現代では、彼らは「ふつう」の存在だ。ふつうなのだが、2人の人生がどこかで交わる可能性はそう高くないだろう。それが、ペアレントクラシー社会の現実である。

この本を書くきっかけは、朝日新書編集部の大﨑俊明さんがくれたものである。昨年出した『二極化する学校』という本を読んで、「ペアレントクラシー」という題の新書を書いてくれないかと直接にオファーをいただいた。大﨑さん作の企画書つきであった。

前著を書き終えたときには、しばらく単著を出すことはないなと思っていた。というのも、コロナ禍が始まった2020年から21年にかけて、3冊の本（あと2冊のタイトルは、『学力格差を克服する』と『教師の底力』）を出し、自分自身にはネタ切れ感があったからである。しかし、「ペアレントクラシー」と聞いて、食指が動いた。大崎案を私なりにアレンジして、できあがったのが本著である。執筆期間は、2022年1月から4月。コロナ禍は、世界中の人々の戸惑いと苛立ちのなか、3年目に突入している。いずれにしても、大崎さんのお声がけがなかったら、ペアレントクラシー自体がテーマの本を書こうとは夢にも思わなかったはずである。働きかけて下さった大崎さんのご厚意に対して、この場を借りて感謝の意を表したい。

本や論文を書く時には、私はそのテーマに応じて、原稿のスタイルや重点の置き方を変えるようにしている。今回は、ペアレントクラシーの実態をできるかぎり立体的・多面的に描きたいと考えた。結果的に、子・親・教師（学校）・教育行政担当者という四者の視点からそれを描く（2〜5章）という章立てとなった。

さらに、できるだけそこに当事者の声を取り入れたいとも思った。ただ、改めて体系的な調査を実施する余裕はないので、身の回りにいる人たちが書いた本に出てくるものや私が過去に行った聞き取りからの「声」を活用させていただいた。快く使用を許可してくれた関係者の皆さんに、心より感謝する。さらに、私の授業を受講している阪大生たちにも協力してもらった。授業において、彼らの意見を聞くことによって、私自身の考えが広がったり、深まったりすることも多かった。そして最終レポートとして彼らが作成した文書から、多くの引用をさせてもらった。彼らがいなかったら、この本が完成することはなかったかもしれない。

原稿執筆で行き詰まった時には、お気に入りの銭湯に車で行くことが習慣となっている。私が現在住んでいる大阪府豊中市には「南北問題」がある。北部には、高学歴の専門職・管理職層が多く住み、経済的にも恵まれた家庭が多い。他方、大阪市に隣接する南部は庶民的なエリアで、現在大規模なコミュニティ再開発計画が進行中である。教育の領域では、子どもたちの学力にかなりの「南北格差」があると言われている。私の好きな銭湯は南部にある。何と24時間営業、４００円台の料金で、スーパー銭湯並みの広さと充実した施設を誇っている。

そこに通い始めて驚いたことがある。入れ墨を入れている人の数がずいぶん多いのである。知り合いに聞いたら、「そりゃ、入りやすいからやろ」という返事。そこには「入れ墨・タトゥーお断り」といった貼り紙はなく、入れ墨をしている人でも気兼ねなく入れる雰囲気があるのだろう。浴室にいるおじさんやおじいちゃんたち、あるいは若者たちは皆穏やかで、やさしい表情をしている(お風呂に入っているので、当たり前かもしれないが!)。話しかけるのが怖く感じられるような、「入れ墨姿のいかついお兄ちゃん」のような人物は皆無である。そこで私は、しばし「至福の時間」を過ごす。

ある時湯船に浸かりながら、「これもペアレントクラシーか」と感じた。生まれる家庭によって、そこで育った人物が入れ墨をする確率は変わってくるだろう。もちろん、入れ墨が悪いと言っているわけでは決してない。ただ、大卒で入れ墨をする人は少ないだろう。私のような大学関係者には、ほぼいないかもしれない。お風呂に入っている人は皆いい顔をしている。首から下を見なければ、だれが入れ墨をしているか、していないかを言い当てることは困難である。しかし、銭湯を一歩出れば、入れ墨をしている人としていない人は区別して見られるのが、日本の現状である。ペアレントクラシーの一断面がそこにある。

ところで、私の最大の趣味はサッカーをすること、観ることとである。

今から30年ほど前に、地元の若い衆を集めてサッカーチームをつくった。私は30代前半で、イギリスでの在外研究を終えて帰ってきたところ。当時の勤務先は大阪教育大学であった。私には年の離れた弟が2人おり、当時大学生と高校を卒業したばかりだった。二人ともサッカーをしていたが、不完全燃焼の感があった。そこで、彼らの同級生を集めて、ガントレッツという名の社会人チームをつくった。英語で、take up the gauntletという表現がある。「(フェンシングの小手をとって)戦いに挑む」という意味である。私の友人が当時居酒屋を経営しており、そこをチームのたまり場にしようと考えた。その店の名前が「がんとら」。「小手」(ガントレット)とかけたのである。要するにダジャレだ。折しも、その年(1993年)はJリーグがスタートした年であった。

6章で「幸せ」について述べた。「好きな人と好きなことができる」こと。このチームで仲間たちと定期的にボールを蹴ることが、現在の私にとっての最大の幸せと言ってもよいものとなっている。

ちなみに今のメンバーは、60代が私(メンバーからは「コーさん」と呼ばれている)と一つ年上のナリさん。50代がキタガワさんとヤマモトさん。今年度50歳となる現キャプテンのイトー、その同級生のタロー、サカオ、ガラガラくん、ゴリ。一つ下のナカムーとヒライさん。もう一つ下の学年に、私の弟のダイスケがいる。その同級生のテッちゃん、リュウちゃん、ヤマちゃん。そのあとサカイ、シミッちゃん、ニシオカくん、ノブオ、ホッタくん、オカベッチが40代。30代はケーチャンと私の息子のナオキ。そして20代がユウキとなる。総勢24名。

一番年上63歳のナリさんは、私が40代のころに「助っ人」としてプレーしていた別チームのメンバーで、ある時からこちらにも顔を出すようになってくれた。最年少のユウキは大学4年生、ゴリの息子である。ナリさんとユウキでは、何と40歳以上の年の差がある。

メンバーを見渡すと、大卒と高卒が半々ぐらいだろうか。職業もさまざま。広い意味でのサラリーマンが多いが、中には公務員や自営業もいる。ヤマちゃんはデトロイトで海外勤務中。あと数年は帰ってこない。

年齢もいろいろ、社会的ポジションもいろいろ、地縁・血縁・学校縁を機縁としながら「サッカーを愛する」という一点で、私たちはつながっている。そんなローカルチームが、間もなく結成30周年を迎えようとしている。

このあとがきを書いている今日、バーベキューパーティーをチームで行った。2年以上ぶりのことだ。とても愉快な会だったが、誰の胸の中にももう1人のメンバー・ヒロの姿があったに違いない。ヒロは健在であれば、今年50歳になる私の弟である。長年にわたってチームのキャプテンを務めてくれた、最大の功労者。彼は、コロナ禍のさなか、去年の今日、この世を去った。この春久しぶりにチームの新しいユニフォームをつくったが、彼がつけてきた「11番」は永久欠番、永遠に彼のものだ。

彼には3人の子どもがおり、現在それぞれ大学生、高校生、中学生。彼らが立派な大人として成長した姿を見ることなく、ヒロは天国へと旅立っていった。さぞかし無念だっただろう。私たちは毎日曜日、彼のユニフォームを公園の木の枝にかけて、彼とともにボールを蹴っている。これからも、命あるかぎり、蹴り続けていきたいと思う。

親の思いをテーマにしたこの本を、コロナ禍のなかで亡くなった弟ヒロに捧げる。

2022年5月4日

志水宏吉

志水宏吉・山田哲也［編］2015『学力格差是正策の国際比較』岩波書店
志水宏吉 2018「同和教育の変容と今日的意義――解放教育の視点から」、『教育学研究』85巻4号、420-432頁
志水宏吉 2021『二極化する学校――公立校の「格差」に向き合う』亜紀書房
志水宏吉 2022「公正を重視する大阪の公教育理念」、髙谷幸『多文化共生の実験室――大阪から考える』青弓社、214-233頁
中西正人 2020『大阪の教育行政――橋下知事との相克と協調』株式会社ERP
橋本光能 2018「激動の平成20年代――我々はどう生きてきたのか」、『大阪府立高等学校長協会70周年記念誌』16-21頁
前川喜平他 2018『前川喜平 教育のなかのマイノリティを語る――高校中退・夜間中学・外国につながる子ども・LGBT・沖縄の歴史教育』明石書店
耳塚寛明・樋田大二郎［編著］1996『多様化と個性化の潮流をさぐる――高校教育改革の比較教育社会学』学事出版
Brown, P., 1990, 'The Third Wave : Education and the Ideology of Parentocracy', *British Journal of Sociology of Education,* vol. 11, No.1, pp.65-85

第6章　脱ペアレントクラシーへの道

志水宏吉 2020『学力格差を克服する』ちくま新書
志水宏吉 2021『二極化する学校――公立校の「格差」に向き合う』亜紀書房
Bellanca, N., 2019, *Isocracy : The Institutions of Equality*, Springer

柏木智子 2020『子どもの貧困と「ケアする学校」づくり――カリキュラム・学習環境・地域との連携から考える』明石書店
W.K. カミングス 1981『ニッポンの学校――観察してわかったその優秀性』(友田泰正訳) サイマル出版会
志水宏吉 1997『子どもの変化と学校教師の課題――兵庫県A市におけるインタビュー調査から』東京大学大学院教育学研究科
志水宏吉［編］2009『「力のある学校」の探究』大阪大学出版会
志水宏吉 2018「同和教育の変容と今日的意義――解放教育の視点から」、『教育学研究』85巻4号、420-432頁
志水宏吉 2021『二極化する学校――公立校の「格差」に向き合う』亜紀書房
中村瑛仁 2019『〈しんどい学校〉の教員文化――社会的マイノリティの子どもと向き合う教員の仕事・アイデンティティ・キャリア』大阪大学出版会
鍋島祥郎 2003『効果のある学校――学力不平等を乗り越える教育』解放出版社
西田芳正 2012『排除する社会・排除に抗する学校』大阪大学出版会
日本教育社会学会 2018『教育社会学事典』丸善出版
濱元伸彦・原田琢也［編著］2018『新自由主義的な教育改革と学校文化――大阪の改革に関する批判的教育研究』明石書店
向山洋一 2007「モンスターペアレント被害の実態」、『教室ツーウェイ』2007年8月号、明治図書

第5章　四面楚歌のなかの教育行政

市川昭午 1995『臨教審以後の教育政策』教育開発研究所
G. ウイッティ、S. パワー、D. ハルピン 2000『教育における分権と選択――学校・国家・市場』(熊田聰子訳) 学文社
大阪府教育委員会事務局スタッフ 2005『行政が熱い 大阪は教育をどう変えようとしているのか』明治図書
志水宏吉・鈴木 勇［編著］2012『学力政策の比較社会学【国際編】――PISAは各国に何をもたらしたか』明石書店

前後における大都市圏での追跡調査』明石書店
A.ギデンズ 2015『社会の構成』(門田健一訳) 勁草書房
小針 誠 2021『国立・私立小学校の入学志向に関する実態調査報告書(首都圏版・速報値)』
清水紀宏［編著］2021『子どものスポーツ格差——体力二極化の原因を問う』大修館書店
橘木俊詔 2017『子ども格差の経済学——「塾、習い事」に行ける子・行けない子』東洋経済新報社
中澤智恵・余田翔平 2014「〈家族と教育〉に関する研究動向」、『教育社会学研究』第95集、171-205頁
中澤 渉 2014『なぜ日本の公教育費は少ないのか——教育の公的役割を問いなおす』勁草書房
広田照幸 1999『日本人のしつけは衰退したか——「教育する家族」のゆくえ』講談社現代新書
P.ブルデュー & J.-C.パスロン 1991『再生産——教育・社会・文化』(宮島喬訳) 藤原書店
ベネッセ教育総合研究所 2017『学校外教育活動に関する調査2017——幼児から高校生のいる家庭を対象に』
本田由紀 2008『「家庭教育」の隘路——子育てに強迫される母親たち』勁草書房
矢野眞和 2013「費用負担のミステリー——不可解ないくつかの事柄」、広田照幸 他『大学とコスト——誰がどう支えるのか』岩波書店、169-193頁
Bourdieu, P., 1986, 'The Forms of Capital', in Richardson, J., *Handbook of Theory and Research for the Sociology of Education*, Greenwood, pp.241-258
Lareau, A., 2003, *Unequal Childhoods : Class, Race, and Family Life*, University of California Press

第4章 戸惑う教師たち

小野田正利 2013『普通の教師が〝普通に〟生きる学校——モンスター・ペアレント論を超えて』時事通信社

参考文献

第1章　ペアレントクラシー化する社会――何が問題か

飯田 健・上田路子・松林哲也 2011「世襲議員の実証分析」、『選挙研究』26巻2号、139-153頁
石田 浩・三輪 哲 2008「階層移動から見た日本社会――長期的趨勢と国際比較」、『社会学評論』59巻4号、648-662頁
市川伸一 2002『学力低下論争』ちくま新書
苅谷剛彦・志水宏吉・諸田裕子・清水睦美 2002『調査報告「学力低下」の実態』岩波ブックレット
志水宏吉 2021『二極化する学校――公立校の「格差」に向き合う』亜紀書房
清水紀宏［編著］2021『子どものスポーツ格差――体力二極化の原因を問う』大修館書店
本田由紀 2005『多元化する「能力」と日本社会――ハイパー・メリトクラシー化のなかで』NTT出版
Brown, P., 1990, 'The Third Wave :Education and the Ideology of Parentocracy', *British Journal of Sociology of Education*, vol. 11, No.1, pp.68-85

第2章　追い詰められる子どもたち

志田未来 2021『社会の周縁を生きる子どもたち――家族規範が生み出す生きづらさに関する研究』明石書店
志水宏吉・徳田耕造［編］1991『よみがえれ公立中学――尼崎市立「南」中学校のエスノグラフィー』有信堂高文社
竹内 洋 1995『日本のメリトクラシー――構造と心性』東京大学出版会
知念 渉 2018『〈ヤンチャな子ら〉のエスノグラフィー――ヤンキーの生活世界を描き出す』青弓社

第3章　不安のなかの親

伊佐夏実［編著］2019『学力を支える家族と子育て戦略――就学

志水宏吉 しみず・こうきち
1959年兵庫県生まれ。東京大学大学院教育学研究科博士課程修了（教育学博士）。東京大学教育学部助教授を経て、現在、大阪大学大学院人間科学研究科教授。専攻は、学校臨床学、教育社会学。おもな著書に『学校にできること』（角川選書）、『検証 大阪の教育改革――いま、何が起こっているのか』（岩波ブックレット）、『学力を育てる』（岩波新書）、『学力格差を克服する』（ちくま新書）、『「つながり格差」が学力格差を生む』『二極化する学校――公立校の「格差」に向き合う』（ともに亜紀書房）など多数。

朝日新書
871

ペアレントクラシー
「親格差時代」の衝撃

2022年7月30日第1刷発行

著　者　志水宏吉

発行者　三宮博信
カバーデザイン　アンスガー・フォルマー　田嶋佳子
印刷所　凸版印刷株式会社
発行所　朝日新聞出版
〒104-8011　東京都中央区築地5-3-2
電話　03-5541-8832（編集）
　　　03-5540-7793（販売）

Published in Japan by Asahi Shimbun Publications Inc.
ISBN 978-4-02-295182-3
定価はカバーに表示してあります。

落丁・乱丁の場合は弊社業務部（電話03-5540-7800）へご連絡ください。
送料弊社負担にてお取り替えいたします。

朝日新書

江戸500藩全解剖
関ヶ原の戦いから徳川幕府、そして廃藩置県まで

河合　敦

加賀藩・前田利常は「バカ殿」を演じて改易を逃れた。井伊直弼の彦根藩は鳥羽・伏見の戦い直前に新政府側に。黒田藩は偽札の出来が悪くて廃藩となる。藩の成り立ちから廃藩置県までを網羅。「日本最強の藩はどこだ！　実力格付けランキング」も収録。

ペアレントクラシー
「親格差時代」の衝撃

志水宏吉

日本は「ペアレントクラシー（親の影響力が強い社会）」になりつつある。家庭の経済力と子どもの学力の相関関係が年々高まっているのだ。生徒、保護者、学校、教育行政の現状と課題を照射し教育公正の実現に求められる策を提言する。

大江戸の娯楽裏事情
庶民も大奥も大興奮！

安藤優一郎

「宵越しのゼニなんぞ持っちゃいられない！」。飲む打つ買う、笑って踊って、「億万長者」が一日に一人！　祭り、富くじ、芝居に吉原、御開帳——。男も女も大興奮。江戸経済を牽引した、今よりもっとすごかった「お楽しみ」の舞台裏。貴重な図版も多数掲載。

自民党の魔力
権力と執念のキメラ

蔵前勝久

自民党とは何か。その強さの理由はどこにあるのか。国会議員と地方議員の力関係はどうなっているのか。派閥、公認、推薦、後援会、業界団体、地元有力者はどう影響しているのか。「一強」の舞台裏を朝日新聞政治記者が証言をもとに追う。